勝又恵理子　Eriko Katsumata

留学のための異文化トレーニング

知る、共に学ぶ、実践する

Intercultural Communication /

Active Learning /

Unlearning /

Resocialization /

Collaborative Online International Learning

春風社

留学のための異文化トレーニング

——知る・共に学ぶ・実践する——

目　次

第4章　帰国後トレーニングの目的と方法

第5章　新しい留学とオンライン国際交流

＊本書には多くのエピソードや学生の手記が出てきます。個人が特定できないよう、仮名
にしている他、事例の一部は、よくある実例を基に改編してあります。

はじめに

　本書は、全ての人にとっての留学を「豊かな学び」の時間とするための一冊です。本書は、筆者自身の留学経験、これまで 2 校の大学で留学相談を約 10 年担当している経験、および現職の立場から、留学において重要となる「異文化トレーニング」の導入について、留学前、留学中、帰国後の時間の流れごとに、異文化コミュニケーション論と実践方法を織り交ぜながら紹介しています。

　第 1 章では、留学から得られるスキルと留学前後のトレーニングおよび留学中のサポートの必要性、第 2 章では、異文化コミュニケーションの視点から長期留学する前に知っておくとよいこと、第 3 章は、長期留学中のサポートの在り方と実際の経験談、第 4 章は、長期留学から帰国する際に知っておくとよいことや就職活動について、第 5 章では、現地へ行く短期留学とオンライン短期留学について、また COIL 型教育やオンライン上での国際交流などの最新動向について記述しています。また、すぐに使えるアクティビティを各章で紹介しています。

　主に、留学する学生をトレーニングする、留学生を送り出す側の大学、国際センター、留学会社の担当者を想定して執筆していますが、留学生のご家族、これから留学する学生自身にもぜひ読んでもらいたい内容です。本書には多くのエピソードや学生の手記が出てきます。個人が特定できないようにしている他、事例の一部は、よくある実例を基に改変したものです。

＊　　　＊　　　＊

　筆者が留学しようと思ったのは、他国の文化を見てみたいという好奇心からでした。高校 2 年の夏にカナダの提携校へ短期留学したことを機に留

学への気持ちはさらに強くなり、高校3年時に1年間の交換留学の予定が、そのまま、短大、大学、大学院の8年間、留学生としてアメリカで過ごしました。それから、日本の大学や企業で英語と異文化コミュニケーションを教えた後、再び渡米。博士課程を修了後に、サンディエゴ州立大学で教壇に立ち、帰国後は大学で異文化コミュニケーションを教えながら、留学相談を担当しています。

「留学相談」との縁をたどっていくと、高校時代のアメリカ留学中にさかのぼります。ホームステイ先の両親は高校の教師でした。ホストファーザーは、筆者が留学して間もなく、留学団体の地域担当者に抜きされました。それからは、日本人留学生を受け入れたホストファミリーからの相談や、留学生からの相談をホストファーザーが受けていました。もちろん相談内容を私が知ることはありませんでしたが、時々、留学生が次のホストファミリーを探すあいだ、家に泊まりに来たり、ホストファーザーに手伝ってほしいと言われて、食欲がない日本人留学生を心配するホストファミリーに、本人の具合をつたない英語で必死に通訳するなど、当時から相談にのる場面がありました。

その後も、アメリカの大学・大学院・博士課程在学中や教員として大学で教えていたときも、留学経験が長かったせいか、日本人留学生からの悩みを聞く機会が多くありました。そして、帰国後は他大学で教えながら、スタディカウンセラー(study counselor)として、海外留学するための勉強法を教えたり、相談を受けたりしていました。現在は本務校で学部の海外留学相談室を担当しています。

このように、気付けば約40年前からずっと留学生に寄り添ってきました。その時代に比べると、最近は、海外留学がより身近なものになり、多

くの学生がさまざまなスタイルで留学するようになりました。とはいえ、留学生の数だけ悩みはあり、帰国した学生の話を聞いていると、事前研修を受けていたら回避できたのに、留学中にちょっとしたサポートがあればそんなに苦労しなかったのに……と、もどかしく思うことも少なくありません。

　そこで本書では、全ての人により良い留学と、海外生活を経験してもらいたいという願いを込めて、自分自身の留学経験と、異文化コミュニケーション、異文化トレーニング、国際教育、国際協働学習、英語教育、留学相談室、海外赴任などの最新の知見を総動員し、これからの留学に必要なサポート、およびトレーニング法を紹介しています。

*　　*　　*

　2019 年、新型コロナウイルス感染症の大流行により世の中は一変しました。コロナ禍で海外への渡航が難しくなり、学生たちの「早く海外に行きたい」「留学したい」という切実な声が聞かれました。そして 2022 年には留学に行くことを待ちわびていた多くの学生たちが世界へと飛び立ちました。この数年を経て、留学の形態は現地・オンラインの選択を含め、これまで以上に多様になっています。本書が留学を担当する教員や職員の方、留学生のご家族の参考となり、これから留学する学生のために役立てられることを願っています。

第 1 章　海外留学に必要なスキルとは

　留学した学生の話を聞くと、留学前のトレーニングを受けていたら回避
できていたはず、留学中にちょっとしたサポートがあればそんなに悩まな
かったのに、帰国後のトレーニングを受けていたら日本の社会に慣れるの
にそんなに時間がかからなかったのでは、と思うことがあります。

　筆者が留学していたときと、今の学生たちの留学相談を比べてみると、
悩んでいることはそんなに変わらないと実感しています。だからこそ、全
ての学生により良い留学、海外生活を体験してもらうために、我々先輩た
ちの留学経験を生かし、異文化コミュニケーション、異文化トレーニング、
国際教育、国際協働学習、英語教育などの最新の知見を結集して、海外留
学に必要なサポートとトレーニング方法を紹介したいと思います。

　本書では、留学の手続きなどの仕方ではなく、留学に役立つ能力の育成
と留学生活に必要なスキルを紹介します。また、この本で想定する「留
学」は、1 週間〜 3 カ月の短期留学から 6 カ月以上の長期留学であり、語
学留学やワーキングホリデーなどは含みません。しかし、部分的には語学
留学やワーキングホリデーの人にも役に立つ内容になっています。

1.1　アクティブ・ラーニングとしての留学

　留学は究極のアクティブ・ラーニングだといえるでしょう。文部科学省
はアクティブ・ラーニングについて「教員による一方向的な講義形式の教
育とは異なり、学修者の能動的な学修への参加を取り入れた教授・学習法
の総称。学修者が能動的に学修することによって、認知的、倫理的、社会
的能力、教養、知識、経験を含めた汎用的能力の育成を図る。発見学習、
問題解決学習、体験学習、調査学習等が含まれるが、教室内でのグルー

プ・ディスカッション、ディベート、グループ・ワーク等も有効なアクティブ・ラーニングの方法である」（文部科学省、2012、p. 37）と定義しています。

　中学や高校の修学旅行など、海外へ行くことが身近になった時代です。大学でも短期留学や長期留学をする人がいます。そして最近では、留学生の若年化で、小学生や中学生でも長期留学する児童生徒がいます。

　留学相談を長年して思うのは、学生たちは皆同じようなことに悩んでいるということです。そして、留学に我慢はつきもの、という概念があるために、相談室に来ないで一人で悩んでいる学生も多くいます。本書を書いた目的の一つに、留学には同じような悩み＝「留学あるある」があり、少しでも多くの学生に自分だけが悩んでいるのではないということを知ってもらうことがあります。留学相談にやって来る学生に、先生方や留学を担当する方から「あなたが悩んでいることはよくあることですよ」と伝えてもらい、一人で悩む時間をなくしてもらいたいのです。

　本書の二つ目の目的は、留学するに当たりきちんとしたトレーニングとサポートを留学前、留学中、そして帰国後に受けてもらうことです。留学前に、留学に役立つ知識と情報（異文化適応〈コンピテンス〉、異文化コミュニケーション、異文化理解など）をまずは知ってもらい、何回も練習をしてから、留学先でそれらを実践してもらいたいです。留学先で有意義な時間を過ごせるように、新しい文化や環境にうまく対応できるようトレーニングして準備をすることは必須です。

　例えば、自転車に乗る練習をせずに、いきなり自転車に乗るように言われたら大変だと思います。転んですり傷を作りながら、時間をかけて、なんとか乗りこなせる人もいるでしょう。または、挫折をしてもう二度と自転車なんか乗りたくない、と思う人もいるでしょう。留学も同じように、新しい文化や環境で生活しながら勉強するには、事前の準備と練習がとても重要だということです。

　ここで、「知識を得る」ことと「知識を理解する」ことは異なります。学んだことを理解するには、実践する必要があります。何回も体験し、実践し、練習する中でそこで学んだ知識を体で理解することができ、行動す

ることができます。いくら知識が頭の中にあっても、行動が伴わなければ、その知識は役に立ちません。「自転車の乗り方」という知識だけ学んで、自転車に乗るのはとても難しいでしょう。

　また、留学先を、自転車に乗って走る道に例えると、どのような道（国、文化、大学、環境）で自転車を乗ることになるかは行ってみないと分かりません。一人ずつその道は異なります。しかし、まずは自転車に乗れるようにさえなっていれば、留学先がデコボコ道や見たことのない道でも、スタートが楽になります。未経験の道に行き「はい、じゃあ、ここで自転車に乗って、頑張って」と言われてもどうしたらいいのか戸惑うだけです。まずは慣れた近所の道で、自転車に乗る練習を繰り返してから出発すれば、今まで見たことがない道に挑戦しても大丈夫でしょう。

　本書は、留学に役立つ理論（知識）とともに授業で使えるアクティビティ（実践）を紹介しています。教室内で学生に異文化を体験させ、知識を体で理解させることを目標にしています。本書では、筆者の作ったアクティビティと、他の方が作ったアクティビティを紹介しています。

1.2　異文化トレーニング

　海外に行く前は、学生にとって言語の勉強も必要ですが、さらに、必要なのが異文化トレーニングです。異文化トレーニングは、例えば、企業から海外赴任する会社員や、青年海外協力隊に参加する人のために行われています。留学生向けにも国内外の大学や留学団体で事前研修が行われていますが、「留学のための異文化トレーニング（Intercultural training）を受けたことがない」という相談をよく受けます。

　海外に行く前に教育やトレーニングを通じて、文化的理解や感受性を高めるための支援を行う重要性は多くの研究者が強調しています（Altshuler, Sussman, & Kachur, 2003; Bennett, Bennett, & Allen, 1999; Katsumata & Nishihara, 2021; Paige, 1993; Pruegger & Rogers, 1994）。

　異文化トレーニングでは、コミュニケーション、異文化コミュニケーション、異文化理解、異文化適応、異文化レジリエンス（立ち直る力）な

どについて学ばせます。これらは留学で身に付くスキルといわれていますが、これらのスキルについて事前にテキストや本で読み、人からの体験話を聞いて知識を得ることが第一歩です。さらに、自分でアクティビティを体験し、練習を重ね、行動できることが大切です。どうしても時間がなく知識しか得られないという場合は、何も知らないで留学するよりもはるかにいいですが、初めのうちは、頭で分かっていてもなかなか行動に移すことは難しいため、さまざまなアクティビティをくり返し体験させて、異文化で対応できる能力を向上させることです。大学の協定校に留学する際、大学同士で連携を取り、留学前、留学中、帰国後にどのようなトレーニングやサポートがあるかを確認し、どのような留学結果を出せるかアセスメント（assessment：評価）までできることが望ましいですが、まだ難しいのが現状です。

🖙 経験的学習理論（Experiential learning theory）

　異文化トレーニングや授業では、コルブ（Kolb）の経験学習モデル（図1-1 参照）を基に行うと、学習者である学生は学びやすくなります。コルブ（Kolb, 2015）の経験的学習理論（Experiential learning theory）は、深い認知的学習を達成するための最も顕著なものの一つとして認識されています。経験的学習理論では、学習を「経験の変容によって知識が生み出されるプロセス」と定義しています（Kolb, 2015, p. 49）。経験学習モデルでは、経験を把握するための「具体的経験」（CE）と「抽象的概念化」（AC）と、経験を変換するための「内省的観察」（RO）と「能動的実験」（AE）が描かれています。コルブはこれら四つのステップのサイクルを繰り返すことによって経験学習が行われていると述べています。このプロセスは、学習者が具体的経験（CE）、内省的観察（RO）、抽象的概念化（AC）、能動的実験（AE）という、全てのステップに触れるという学習サイクルです（Kolb, 2015, p. 51）。

　トレーニングや授業では、コルブの Learning style inventory の質問を学生に答えてもらい、自分がどのラーニングスタイルのスコアが高いかを知ってもらいます。そして、この四つのラーニングスタイルは常に伸ばす

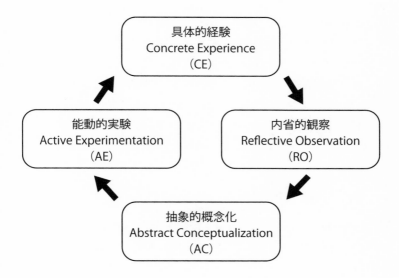

図 1-1　コルブの経験学習モデル
（Kolb's Experiential learning theory）

ことができることを伝えます。例えば、CE のスコアが高い学生は興味が
あることを経験した人から学ぶことを、また RO のスコアが高い学生はビ
デオを見たり、観察をして学んだりすることを得意とし、AC のスコアが
高い学生は本やテキストを読み、理論に当てはまっているかなど考えるこ
とを、AE のスコアが高い学生は体を動かして、体験してみる、実践しな
がら学ぶことを得意とします。
　例えば、コンピューターを購入した際に、CE タイプの学生はコンピュー
ターに詳しい友人に来てもらいセットアップを教えてもらったり、RO タ
イプの学生はセットアップの方法を動画などで見たり、AC タイプの学生
は取扱説明書を読みセットアップしようとしたり、AE タイプの学生はと
りあえずスイッチを入れてみたりします。
　トレーニングや授業は、この四つのラーニングスタイルを基に進め、あ
らかじめ本やテキストのリーディングの課題を読んでもらい、授業などで

ビデオを見たり、グループアクティビティを通して実践し、人の経験を観察しながら互いに学び、テキストに書いてある理論に当てはまるかを考えてもらいます。RO の学生は失敗をあまりしたくないので、失敗を恐れない AE の学生を観察するでしょう（失敗しているところ、うまくいっているところ）。この四つのステップを繰り返すことで学びが深まっていきます。ただ本やテキストを読むだけでなく、アクティビティを体験し、観察、内省していくことが有効であるということを学生は理解します。

1.3　留学で身に付くスキル

　留学希望者の多くが、語学力の向上を留学する理由に挙げています。語学力が身に付くということは、現地の人と、現地の言語で効果的に話すことができる、ということです。それには、まず、コミュニケーションとは何かを知り、異なる言語と文化の人と話すことについての理論を学び、練習し、留学してからも体験しながら学ぶことです。そうすることにより、異文化コミュニケーション能力が向上します。

　また、留学前に異文化適応力、異文化レジリエンスについて学ばせておくことも必須です。学生が異文化で適応していくステップを把握し、もし落ち込むことや問題が起きたときにどう対処したらよいかを理解していれば、自分自身で乗り越えることができます。またアンラーニング（Unlearning）を学ばせることで、留学したとき、そして帰国した際に適応しやすくなります。

1.3.1　異文化コミュニケーション（Intercultural communication）

　コミュニケーションとは、自分の周りからの刺激を今までの経験などを基に意味付けし、そして意味付けしたことを他の人と分かち合おうとするプロセスです（荒木・藤木、2011）。かつてのコミュニケーションは、テニスの打ち合いのように常に送り手から受け手へと交互に伝わるものだとも考えられていましたが、送り手と受け手の順番はなく、コミュニケーションに参加している人全員が受け手にも送り手にもなります。

従って、コミュニケーションは一人でも行われ、これを個人内コミュニ
ケーション（Intrapersonal communication）と言います。外界からの刺激
を受け自分の内部で意味付けすることで、無意識のうちに行われることが
多いです。そして、その意味付けしたことを他の人と分かち合おうとする
プロセスを個人間コミュニケーション（Interpersonal communication）と
言い、この二つをはっきり分けることは難しく常に同時進行しています
（荒木・向後・筒井、2000）。

　異文化コミュニケーション（Intercultural communication）とは、異な
る文化背景の人とコミュニケーションを取ることです。違う文化、海外の
人とのコミュニケーションが対象ですが、世界中で多文化共生が進み、多
様性が重んじられる中、今や国内でも異文化コミュニケーションのスキル
は必要です。自分と同じ文化的背景を持つ人とコミュニケーションを取る
際は考え方や価値観が似ているためうまくコミュニケーションができます
が、異なる文化的背景を持つ人の場合はそうは行きません。けれども、異
文化トレーニングを通して、文化やコミュニケーションに違いがあること
や、どうしたら問題を回避できるかなどを理解させておけば、異なる文化
背景を持つ人ともうまくコミュニケーションができるようになります。

高コンテクスト文化（High-context）と低コンテクスト文化（Low-context）の違い

　人とコミュニケーションを取る際には、その人のコンテクスト文化は何
かを見極める必要があります。

　アメリカの人類学者のエドワード・T・ホール（Edward Hall）は、コ
ミュニケーションではコンテクストが大切だと述べています（Hall, 1977）。
次頁の図 1-2 のように高コンテクストは、コミュニケーションを取る人同
士が多くのことをお互い共有していて、ツーと言えばカーと言われるよう
に少ない言語コードでもコミュニケーションが成り立つことです。それは
文脈や状況、非言語コミュニケーションからメッセージを読み取ることが
できるからです。低コンテクストとは、反対に多くを言語コードに頼っ
て明白にメッセージを伝達することであると述べています（ホール、1980）。

これを国別に分けた研究によると、日本やアラブ諸国は高コンテクストで、アメリカやドイツは低コンテクストなコミュニケーションを取る傾向があります（Samovar & Porter, 1997）。しかし、ドイツ人でもお互いよく知っていれば高コンテクストなコミュニケーションをすることもあります。最近では、どこの国でも多様化が進み"○○人"とひとまとめにはすることは難しいとはいえ、自分が比較的、どちらのコンテクスト文化なのか、そして、留学先の国の文化はどちらのコンテクストの文化なのかを認識することです。気を付けないといけないのは、この人は見た目が"日本人"だから、日本の典型的な高コンテクスト文化のコミュニケーションスタイルだと思って話し始めてしまうことです。決め付けてしまうと、ステレオタイプに陥ってしまいます。例えば、日本人はおとなしいと思っていたけれど、目の前にいるこの人は元気によく話す人だなと認識し直して、効果的にコミュニケーションを取ることが大切です。グローバルな世界では、高コンテクストと低コンテクストのコミュニケーションスタイルを自由に行き来できる力が必要とされます。

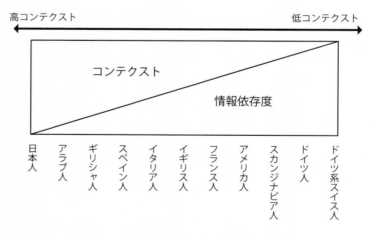

図 1-2　高コンテクストと低コンテクスト

出典：ホール（1980, p. 119）、Samovar & Porter（1997, p. 24）と末田・福田（2003, p. 131）を基に筆者が作成した。

❹ 自己表現／自己開示

　異文化コミュニケーションでは自己開示も大切です。バーンランド（1979）は日本人とアメリカ人では、自己表現に相違があると述べています。その研究結果では、アメリカ人は公的自己（Public self）の領域が日本人よりも比較的広く、自己の内面的経験についても比較的多くのことについて話すと述べています。そして、対照的に日本人は自己を表現する際は私的自己（Private self）の領域が多く、あまり開放的に話すことはないと言っています。

　最近では、日本人でも多様な文化的背景を持つ人がいるので、これが日本人と言いにくくなっています。しかし、この研究から、どんな内容ならば、誰に、どこまで話せるかということに気付くことができます。

　例えば、ある学生が飛行機に乗った際、隣に座った3人の子供と一緒に搭乗している父親と会話を始めました。最初はたわいのない「どこに行くんですか」という質問でした。その父親は「アラスカに行くんです。隣の座席にいるのが私の子どもです」。そこで会話が終わると思ったのですが、そこから初対面とは思えないほど詳しく話をし始めたのです。「これからアラスカに移住するのです。3カ月後に私の彼女も来て一緒に住むのですが、アラスカでうまくやっていけるか期待と不安でいっぱいです」。それを聞いた学生は、プライベートの話をされて、自分も同じように話さないといけないのかと思ったが、初めて会う人なので自分はできなかったそうです。この学生は自己開示について学んだときに、自分は初めて会う人にそれほど自己開示はしないけど、相手は初対面でも比較的プライベートな話をするコミュニケーションスタイルだという違いを理解できたそうです。異文化コミュニケーションでは、どのような内容を誰とするのかを考えながら話をすることが重要だということが分かります。

1.3.2　異文化適応（Intercultural competence）

　異文化適応というのは文字通り、違う文化に行った際に、その文化に適応することです。留学に欠かせない能力の一つといえるでしょう。異文化の中で効果的にコミュニケーションを取り、交流する能力を指す異文化コ

ミュニケーションスキルと異文化適応（コンピテンス）を学ばせることは重要です（Deardorff, 2006; Lustig & Koester, 2013; Spitzberg & Changnon, 2009）。留学先では、知識を実践的に活用し、現地の人々と交流することで、異文化を理解することが求められます。

✎ 異文化感受性発達モデル (Developmental Model of Intercultural Sensitivity)

Bennett (1986) の「異文化感受性発達モデル」は、異文化コミュニケーション能力には発達段階があり、異なる文化を体験していく中で、そこから何を感じ、どのような意味を見いだしているか、感受性の観点から、その過程を6段階に分けています。

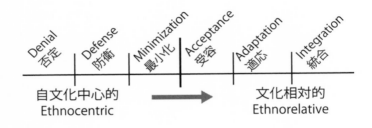

図 1-3 異文化感受性発達モデル

　否定（Denial）の段階は、相手の文化を認識できない状態のことを言います。防衛（Defense）の段階は、相手の文化と自分の文化の違いを認識することができますが、相手の文化を批判することで、自分の文化への優越感を抱くことにより自己を守ろうとする段階です。反対に相手の文化の方が良くて、自文化の方が悪いという見方をする人もいます。最小化（Minimization）の段階は、文化的な違いはたいしたことはないと考え、互いの文化の共通する部分に着目します。ここまでの三つの段階は自文化を中心に見ている状態です。

　次に、受容（Acceptance）の段階は、人は自分の属する文化の価値観で

生きていること、そして、その価値観は文化によって異なることを理解し、尊重できる状態です。適応（Adaptation）の段階は、相手の文化の価値観に視点を移したり、その価値観に基づいて行動できたりするようになる状態です。統合（Integration）の段階は、自分が複数の文化に属していることを認識でき、状況に応じてフレームワークを使い分けることができる状態です。この段階に達するには、長い間異なる文化で過ごした経験や、マジョリティー社会でマイノリティーとして適応したことがなければ難しいでしょう。そして、この三つの段階では自分中心ではなく他の文化の視点から物事を見ることができます。異文化適応においてこれら六つの段階は、順調に進んだり、時には前の段階に戻ったりします。

1.3.3　異文化レジリエンス（Intercultural resilience）

　『研究社 Online Dictionary』（研究社、2004）によると resilience（レジリエンス）とは、「はね返り、飛び返り；弾力、弾性、反発［弾性ひずみ］エネルギー；《元気の》回復力、立ち直る力；順応性、柔軟さ」という意味です。日本語で耳にするレジリエンスとは、「立ち直る」「うまく対処する」能力であり、「逆境に強い」（Earvolino-Ramirez, 2007）という意味を含みます。言い換えれば、変化や困難な状況に対処する能力で、立ち直ることができる力ということです。

　深山（2016）によれば、レジリエンスは、何かあっても跳ね返る力、バウンスバックする力のことで、経験や練習によって鍛えられ、習得できるスキルだと言います。異文化レジリエンスというのは、異なる文化で適応し、成長するための能力のことです。例えば、留学中にコミュニケーションがうまく取れず、失敗すると、なんで英語ができないんだろう、もっと英語を勉強しておけばよかったと自分を責めて落ち込むことがあると思います。落ち込んだとき、ストレスに感じたとき、自ら回復する力がレジリエンスです。誰でも落ち込んだり、ストレスを感じたりすることはありますが、それを引きずらず自らいつもの良い状態に戻す力です。海外留学は異文化レジリエンスが鍛えられるチャンスだと思います。

　失敗から学習し、成長するための経験として、立ち直る力、柔軟性を養

い、ユーモアを持ち、ポジティブでいるには自分に自信を持つことが重要です。エンパワー（力づける）という側面も含めて、異文化でレジリエンスを保つには、周りからの応援やサポートが必要です。

1.3.4　コンフリクトマネジメント（Conflict management）

　留学で必要なもう一つの重要なスキルは、問題が起こったときにそれを解決する力です。コンフリクトマネジメントとは、対立や衝突が起きたとき、マイナス面を抑え、プラスの面を活用するプロセスです。異なるコンフリクト（conflict：葛藤）の解決法があること、そして、自分に合ったコンフリクト解決法を知ることが大切です。それが分かったら、どのように問題を解決するかを練習させましょう。

　まず、「あなたは問題が起こったらどういうコミュニケーションを取りますか？」という質問を学生にすると、「相手によって違う、また内容によって違います」という答えが来ます。また、「家族には結構きつく、はっきり言うけれど、友達には言わない」という学生も多くいます。

　また、多くの日本人は意見を言うことをネガティブに捉えがちです。国によっては異なる意見を交換することは善いことだ、熱くなって言い争うのは楽しい、という文化もあります。日本人はコンフリクトもネガティブに捉えがちで、コンフリクトがあると Thomas (1976) の「二重関心モデル」（図 1-4）の「回避」のように、無視したり、関わらなかったり、話し合わなかったり、なかったことにしようとしたりする傾向があります。

　鈴木（2017、p. 13）は、コンフリクトを「意見の対立や衝突している状況」だと述べています。「二重関心モデル」では自分への配慮と相手の利益をどれだけ配慮するかが五つに分類されています。ここでは互いへの配慮が高い「協調」、つまり双方が満足することを目指すのが理想です。

　学生にコンフリクト解決法を見てもらうと、「回避」「服従」「妥協」タイプが多くいます。留学をすると文化や価値観の違いからコンフリクトが起こることは十分あり得ます。例えば、自分のコンフリクト解決法が相手と異なる場合、どうしたらよいか、と学生に問いかけてみましょう。

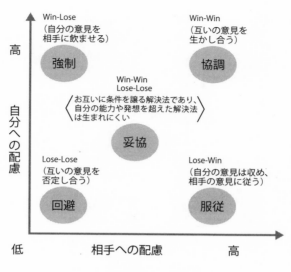

図1-4　二重関心モデル

出典：Thomas（1976）と鈴木（2017）を基に筆者が作成した。

ケース 1　ホストファミリーとの関係性
（オーストラリアへ留学した日本人、23歳）

　オーストラリアに留学した学生は、ホームステイ先と問題がありました。この学生は食事がおいしくないという理由で、ホームステイ先を紹介した大学側に相談し、ホストを変えることになりました。荷物をまとめて家を出る当日、その学生は大学の担当者に、自分は何も言わずに出ていきたいので、出ていく理由をホストファミリーに説明してほしいと頼んできました。実はホストファミリーはすでに変わる理由を大学の担当者から聞いていましたが、大学側は「自分できちんと説明してから出るように」と指導しました。大学側は事前に、自分の口で説明することがこの文化では大切だと伝え、嫌なことでもきちんと伝えること、それが大人の取る対応だと説明していました。

　大学側としては、この学生がホストとの問題について自ら解決しよ

うとしなかったこと、伝えなかったことが非常に残念だったと言っていました。もしかしたら、学生が好む料理を作ってもらえるよう依頼するなど解決法は別にあったかもしれませんが、最後まで何も言わないというのが問題でした。

　上記のようなケーススタディをすると、学生たちは「日本語なら言えるけど、英語だと語学力がないので伝えたいことの半分しか言えない」となります。しかし、言語の問題とは別に、言いたいことを相手に伝えることを普段からやっているのか、できるのかというところが重要です。

ケース2　ランチ友達　　　（アメリカへ留学した日本人、19歳）

　午前中の授業が一緒のジェニファーさんとは、授業が終わった後にランチをカフェテリアで食べるようになりました。数回ランチを食べた頃にジェニファーさんが「悪いけど、5セント持ってたら貸してくれる？」と言ってきました、たいした金額ではないので快く貸してあげました。しかし、それから毎回、「5セント貸して」「10セント貸して」「25セント貸して」「1ドル」「5ドル」と金額が上がり、以前に貸したお金は返してくれません。たいした金額ではないので何も言っていませんが、このまま毎回貸していたら、ある程度の金額になることを心配し始めました。そして自分は利用されているのかと思い始めました。自分は切り詰めた留学生活をしていることを考えるともう貸したくありません。

　さて、あなたならどうしますか？　ここでは「はっきりとお金を返してもらうように言う」「何も言わないで、他の人とランチを食べる」「一人でランチを食べる」「今まで貸した分で夕飯をおごってもらう」「ランチをおごってもらう」などの意見が出るでしょう。

　ある日、この学生は「今日、小銭がないから25セント貸してくれる？」と言うとジェニファーは「なんでないの、私持ってない」と言ったそうです。そこで学生は「そういえばさ、今まで貸した分のお金返してくれる？」と言うと、「私借りたこと覚えてないけど、全部

くれたんじゃないの？　違うんだ」と言って、その場を去り、二度と一緒にランチを食べることはなかったそうです。

　留学先では、価値観、文化の違いから問題が起こることがあるので、ケーススタディなどで、対処法の練習をしておくことが重要です。

1.3.5　アンラーニング（Unlearning）

　今後のグローバル社会ではアンラーニングのスキルが必要だといわれています。アンラーニングは既存の日本語で「学習放棄」や「学びほぐし」と呼ばれ、とくにビジネスで使われています。辞書の意味では「既得の知識・習慣を捨てること。環境変化の激しい現代社会を生き抜くために、過去の経験にとらわれないよう、意識的に学習知識を捨て去ること」（『Weblio辞書』）と説明されています。また、松尾（2021、pp. 14-15）は『記憶という脳の貯蔵庫にある知識やスキルのレパートリーのうち、有効でなくなったものを、「意図的」に「使用停止」にして、新しい知識やスキルを「取り込む」ことがアンラーニング』であると述べています。最近では、世界的に社会が急速に変化し、いままでの経験から得た知識や価値観が古くなり、新たな知識や価値観を学ばないと対応できないことの現れです。

　留学においても、このアンラーニングのスキルが役立ちます。それは海外へ行ったときと帰国したときに体験する、カルチャーショックと再入国カルチャーショックのときです。留学したときには、今まで得た知識や習慣が通じなくなり、新たな知識や価値観などを受け入れて異文化に対応できるようにします。また、留学から母国に戻ったときに出合うのは、すでに知っている知識や価値観ですが、留学中に変わっているかもしれません。また、留学先で新しい知識や価値観などを学んで、それに慣れたことから、母国の古い知識や価値観を学び直すと同時にスキルを思い出す必要があります。

　自転車に乗ることで例えると、母国で左側通行で走ることに慣れ、留学先ではアンラーニングして、右側通行で走ることに慣れようとします。帰国した際は、再びアンラーニングして左側通行で走ることに慣れなければ

いけません。そして、もしかしたら、さらに左側通行の他に新しい規則が増えていて、学ぶ必要があるかもしれません。そうやって柔軟に学び直す力が留学では必要です（カルチャーショックについては第2章で詳述）。

1.4　留学相談を受ける側のスキル

　ここまでは海外留学をする学生に必要なスキル、または留学によって身に付く力を紹介しましたが、次に、留学する学生をサポートする側の必須スキルを紹介します。留学相談をしていると、さまざまな相談（図1-5参照）を受けると思いますが、「傾聴力」はもちろんのこと、コーチングのスキルは必須です。

　最近では留学コーチングがありますが、大学でもコーチングのようなサポートができることが理想です。コーチングにおいては、コーチングする人「コーチ」とコーチングを受ける人「クライアント」がいます。基本的にコーチは教えたりアドバイスをしたりすることはしませんが、質問をして聞き出すという対話法を用いて、クライアントからさまざまな考えや行動の選択肢を引き出します。大事なのは、クライアントがコーチングを受けたいと希望していることです。コーチは、問いかけることによりクライ

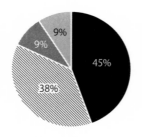

■長期留学（学部・大学院）　　　※英語試験（TOEFL, IELTS, TOEIC）
■就活と再入国カルチャーショック　■短期留学

図1-5　某大学の留学相談内容　内訳

アントが自分自身で気付く、視点を変える、増やす、目的達成のための行動を自分で決めることを促します。学生が相談してくるときは、すでに悩んで時間がたってからのことが多いため、敏速に対応するようにしましょう。

　なぜコーチングが重要かというと、留学のことは学生本人から引き出して、自己決定させることが必要だからです。もちろん危ないときははっきりと伝えることもありますが、留学先の大学を決める際などは、クライアントである学生が決めるための手助けに終始します。自分で決めることにより、責任も自分で取り、人のせいにすることはありません。または、相談と言いつつ、すでに気持ちは決まっているということがあるので、それを引き出す作業が必要な場合もあります。そのためには傾聴力、質問する力、パラフレーズ（分かりやすく言い換える）や要約する力、クライアントに考えさせて発言を促す力、建設的な提案をする力などが求められます。

1.5　留学の種類

　大学によって異なる名称や規則があるかもしれませんが、6 カ月以上の長期留学には、大学からのあっせんで、留学先の学費を支払わなくてよく、単位認定が可能で、さらに 4 年生で卒業することができる「協定校派遣交換留学」や、単位認定はされるが、留学先の学費を払う必要がある「協定校私費留学」、大学を通さずに個人やエージェントを通す「認定校留学」、大学の休学費、留学先の学費・滞在費を自分で払い、単位認定が不可の「休学留学」などがあります。

　日本学生支援機構は毎年、海外から日本へ来る外国人留学生と、海外へ留学する日本人学生の調査を行っています。さらに文部科学省は、日本学生支援機構と経済協力開発機構（OECD）の統計を基に、日本人の海外留学者数を集計しています。文部科学省（2022 年）の、「外国人留学生在籍状況調査」および「日本人の海外留学者数」によると、2018 年は、11 万5,146 人の日本人学生が留学しています。留学期間は、1 カ月未満、1 〜 3カ月、6 カ月〜 1 年、1 年以上の四つに分類されます。留学した日本人学

生のうち、7万6,545人が1カ月未満、1万372人が1カ月〜3カ月、1万2,271人が3カ月〜6カ月未満、1万3,237人が6カ月〜1年未満、2,034人が1年以上（685人は不詳）となっており、1カ月未満の短期留学が最も好まれています（文部科学省、2022）。学生の渡航先としては、2018年度は、アメリカ（1万8,105人）が最も多く、オーストラリア（1万4,230人）、カナダ（9,196人）がそれに続いています（文部科学省、2022）。

1.5.1 長期留学

　本書において「長期留学」とは、6カ月以上の留学を指します。この長期留学でよく相談されるのが、留学先についてです。多くの学生が、修学旅行や短期留学で行った街に長期留学で行きたいと相談されます。最近では中学や高校で、修学旅行で海外に行くことや、短期ホームステイのプログラムがある学校があります。また、大学生でも大学で行った短期留学の街が気に入ったからと、同じ所に行くことを希望する学生が少なくありません。その理由は「楽しかったからまた行きたい」「とても良い思い出がある」などです。それはいいことですが、留意しないといけないのは、場所は同じでもそのときのような楽しい留学生活になるとは限らないということです。修学旅行や短期留学は決まった期間だけ、友達や先生と一緒に訪れているので、全てがお膳立てされています。しかし、一人で長期留学する場合は、住む場所、食べること、学校生活と全部を自分でやることになるということをきちんと把握してから行くことが大切です。そうしないと、こんなはずじゃなかった、全然楽しくない、と思うことになります。

　例えば、ある学生は1年生の夏休みに3週間の短期留学に行き、1年後、同じ場所に長期留学しました。楽しかった短期留学のような日々が過ごせると思っていたようですが、まったく面白くないと、ひどいカルチャーショックに落ち、相談を受けたことがあります。その学生は、短期留学のときは友達と毎日楽しく過ごせて、海外だとこんなに楽しいのだと思い、長期留学をすればもっと新しい体験ができると考え再び同じ場所を訪れた、ということでした。

　短期留学と長期留学には大きな違いがあります。短期留学は2〜3週

間でさまざまなプログラムがあり、観光や授業も含めいろんなことが体験できるようになっています。しかし、長期留学になるとお金もかかるので旅行客のようにお土産を買ったり、観光したりというわけにはいきません。また、短期留学でホームステイの経験を数週間したり、ホテルや学生寮に同級生たちと泊まるのは非日常の楽しい経験です。しかし、一人で1年近くホームステイや学生寮に滞在するとなると違います。何か分からないことや戸惑うことがあっても、友達や引率の先生がいないので、全て一人で解決しないといけないのです。

1.5.2　短期留学

　ますますグローバル化する社会に対応して、日本の多くの大学が学生に短期留学プログラムを提供しています（Katsumata & Nishihara, 2021）。大学の短期留学プログラムには多くの種類があり、その目的や目標もさまざまです。プログラムの目的は、専門的なもの（学生の専攻に関連したもの）、教養的なもの（学生の専攻とは無関係なもの）、フィールドワークをベースにしたものなどがあります。卒業のための必修プログラムもあれば、留学先での授業で単位が取得できるプログラム、また、単位の有無にかかわらず選択制のプログラムもあります。語学力別の語学プログラムが最も一般的で、文化活動や観光が含まれることが多いです。中には、参加するのにある程度の高い語学力が必要なプログラムもあります。外国語学習領域における短期留学プログラムの効果については、多くの研究が行われており（Harris, 2014; Isabelli-García, Bown, Plews, & Dewey, 2018; Kinginger 2008; Tanaka & Ellis, 2003）、短期留学で自己認識が高まることも示されています（Gaia, 2015）。また、Vande Berg ら（2012）は、「教育者が戦略的かつ意図的にサポートに介入した場合にのみ、ほとんどの学生が海外で効果的に学び始める」と主張しています。この考えに関連して、Hammer（2012）は、教員やメンターなどがサポートを行った海外留学の学生は、介入を行わなかった学生に比べて、異文化理解について上昇を示したことを確認しています（短期留学については第5章で詳述）。

【短期留学プログラムの例】

　ある大学の短期留学プログラムは三つの特徴があります。一つ目は、短期留学が授業の一部とされていて修了時には 2 単位が取得できるようになっていることです。フィールドワークを取り入れた専門的なプログラムで、異文化コミュニケーションや異文化理解、多文化共生などに焦点を当てた内容を現地の専門家から学びます。二つ目の特徴として、学生は出発前に事前研修に参加し、異文化コミュニケーション、文化理解、多文化社会について学び、海外での安全、文化適応の問題について学ぶことが求められます。そして、帰国後、短期留学から学んだことを振り返り、レポートとジャーナル（日記）を提出します。三つ目に、専門分野の教師がプログラムに積極的に関与し、現地の専門家やスタッフと協力していることが挙げられます。

　ある年の短期留学は夏休みを利用したアメリカへの 2 週間のプログラムでした（表 1-1 参照）。現地では、学生はホテルに滞在してルームメートと同室になり、異文化コミュニケーションや異文化理解、多文化社会に関する授業や、さまざまなアクティビティが行われました。プログラムの最終週には、学生たちはフィールドスタディを基に最終プレゼンテーションと、振り返りのディスカッションを行いました。このプログラムには、学部内で異文化コミュニケーションや多文化教育を専門とする研究教員が同行しました。

表 1-1　短期留学プログラムの説明

単位数	2 単位
期間	夏季 2 週間
国	アメリカ
滞在	ホテル
授業内容	異文化コミュニケーション、文化理解、多文化社会、ゲストスピーカー、多文化社会、文化的多様性、学生交流、フィールドスタディ
活動	企業、家庭、保育園、博物館などの訪問
最終授業	グループ発表
引率者	異文化専門の日本人教員

プログラムに応募する際には、英語または日本語で志望動機を書いてもらい、面接を行います。合格後は、事前研修に参加し、教員や過去の参加者からプログラムの説明を受けます。学生は短期留学の単位を取得するため、留学前にリーディングの課題をこなします。また、留学から帰国した後は事後研修に参加し、振り返りのレポートやジャーナルを提出することが求められます（図1-6参照）。

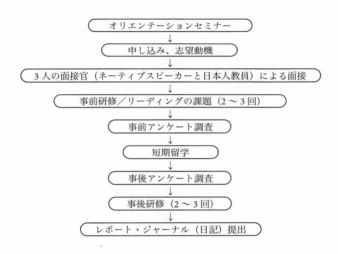

オリエンテーションセミナー
↓
申し込み、志望動機
↓
3人の面接官（ネーティブスピーカーと日本人教員）による面接
↓
事前研修／リーディングの課題（2〜3回）
↓
事前アンケート調査
↓
短期留学
↓
事後アンケート調査
↓
事後研修（2〜3回）
↓
レポート・ジャーナル（日記）提出

図1-6　某大学の単位付き短期留学のフローチャート

　Katsumata & Nishihara（2021）の短期留学プログラム研究で、フィールド観察、学生のジャーナル、振り返りレポートに基づいて調べた結果、学生の異文化理解に対する認識に明らかな変化が見られました。これは某短期留学が多文化共生への意識を高める異文化コミュニケーション教育のアプローチのモデルであることを示唆しています。日本の大学生が短期留学を通じて、どのように多文化社会についての概念的理解を深め、変化することができるかを明らかにしました。これらの研究結果から、短期留学でもしっかりとした事前と事後のトレーニング、および留学中の現地でのサポートがあれば学生の学びが多いことが分かっています。

実践① ビジョンのアクティビティ[注1]

　留学するときに、「目標がない」という相談を受けます。目標がなくてもいいですが、好きなこと、興味があることを持つ方が情報を集めやすいです。そんな時に、簡単にできるアクティビティです。

1)「目をつぶってください」
2)「目をつぶったまま、この部屋にある緑色の物を言ってください」
　　※色は、その部屋にある1色を選ぶ
3)「目を開けて、この部屋を見渡してください」と伝え、その部屋にある緑色の物を確認する（例：学生の服、筆箱、植物、椅子など）

　多くの学生が、その部屋にある緑色の物に気付かなかったことに驚きます。もし緑色に興味があれば、それが目に留まり、気が付くものです。同じように、興味あることや、目標があれば、それを見たときにその情報、すなわちチャンスを逃さないということを説明すると、学生も納得するでしょう。

注1　青山学院大学名誉教授・林吉郎先生のワークショップで行われたアクティビティです。

実践② 異文化体験のアクティビティ

　外国に行かなくても、国内で、自分と異なる文化的背景を持っている人と出会うことがあります。そして、異なる文化や環境に対面することにより自分の文化的背景に気付くことができます。そんな体験ができるアクティビティです。

　1）4〜5人のグループに分かれる
　2）過去に異なる文化的背景の人に出会ったことはあるか、または異なる環境に対面したことはあるか話す
　3）価値観など、どのような違いがあったかを話す

　例えば、関東から関西へ引っ越した人に、どのように感じたか、また、今までと違う環境になったときにどう思ったか、どれくらいで慣れたか、など話をしてもらいます。他にも、小学校から男子校、または女子校だった学生が、大学に入り初めて共学という環境に入り、最初は慣れなかったという話がありました。異文化でお互いを尊重するために、まずは文化や価値観などの違いを理解することが大切です。

Column 1　異なる教育方法

　私がアメリカの大学で異文化コミュニケーションを教えていたとき、ある授業で差別と偏見について話しました。そのクラスは、さまざまな文化的背景を持つ学生40人ほどが履修していました。一人のメキシコ系アメリカ人の学生が、自分のアクセントをばかにされたことに腹が立ったという経験を語り始め、それから約1時間、学生たちが白熱した意見交換をしました。私が割り込めないくらい、熱く語り出し、立ち上がって熱弁するほどでした。

　気が付いたら授業終了のベルが鳴り、私は最悪の授業をしてしまったと思っていると、学生たちは皆すっきりとした様子で、笑顔で「みんなの思っていることや意見が聞けて勉強になった」「いろんな体験談が聞けて、最高の授業だった」「こういう授業は楽しい」と盛り上がっているのには救われたと同時に驚きました。誰かが意見を出すと、それに対して他の学生たちが考えやコメントを言っていました。異なるさまざまな意見が出て対立していましたが、誰一人妥協せずしっかりと自分の主張をしていました。自分と考えが違う人がいて、それについてとことん、話すことを楽しむコミュニケーションスタイルなんだと改めて納得し、また、教育方法の違いにも驚きました。これが日本の大学だったら、まったく違う展開になっていたでしょう。

　授業によって、ディスカッション形式、講義を聞く形式など、教育方法はさまざまであることに加え、授業の進め方、先生と学生の関係など、教室内でのスタイルは文化によって大きく異なります。留学する国によって教育方法が違うことを学生に伝えておくことは大切だと思います。

第2章　留学前トレーニングの目的と方法

　筆者は今まで短期留学・長期留学・海外赴任する人にトレーニングを行ってきました。また、自分自身も留学を体験しましたが、送り出す側になって思うのは、海外に行く前に準備と渡航前トレーニング（Pre-departure training）をもっとできれば、留学生活がずっと楽になり、悩む時間が減り、能力が発揮できるのではないかということです。渡航前は手続きや荷造りに忙しく、また、留学するまで授業があるので、勉強もしなくてはならず、慌ただしくなりがちですが、十分に準備する時間を取ることは必須です。

　この章では、その目的を理解するために知っておくとよい理論を二つ紹介します。まず一つ目は、コミュニケーション学です。留学で必要なスキルは語学力ですが、それに加えて、異なる文化背景の人と効果的にコミュニケーションを取るという、異文化コミュニケーションスキルが、さらに必要になります。そして、二つ目は異文化適応のプロセスについてです。

　二つの理論セクションの説明の後にはそれぞれアクティビティが続いています。授業で学んだことやテキストから得た知識を理解した後、アクティビティやシミュレーションなどを通して実践することがとても大切です。頭で分かっていても、なかなか行動するのは難しく、アクティビティをたくさん実践して練習（トレーニング）することでスキルが身に付いていくのです。

2.1　留学前の準備

　留学の準備は1年前くらいから行うと余裕があっていいといわれています。その間に留学に必要なTOEFL・IELTSの点数を取得する勉強をしたり、

経済的な準備として奨学金を探したりアルバイトをしたりする人もいます。また推薦状を依頼するにも時間が必要だと思います（→ p. 152 参照）。そんな準備期間中に、「何を準備したらいいですか？」と聞かれますが、語学の勉強はもちろんのこと、留学先の歴史・文化・習慣など、また、留学先で母国のことや、自分の文化について質問されることが多いので、知っておくといいと、伝えています。さらにそれが留学先の言語で説明できれば理想的でしょう。

2.1.1　異なる文化と歴史を学ぶ

　留学すると、まれに国の代表のように意見を求められることがあります。そういうときのために、世界で自国の文化や歴史はどう認識されているのか、学ばれているのかを理解しておくと、留学先でも驚くことがない、と学生には伝えています。

　例えば、筆者が高校3年の留学中に、アメリカの歴史という科目を履修しました。ある授業の日、先生から「今日は第2次世界大戦について話すので、教室から出ていっていいですよ」と言われました。そのときはまだ、歴史教科書の内容が国によって違うことや、人によって考え方が違うことを知りませんでした。そのため、その場で先生に「戦争はもう終わったことです。私は授業を受けます。なぜそんなことを言うのですか？」と聞くと、「あなたが居づらくなると思って言ったんです。私は授業を受けなくてもいいと言いましたからね、それでも居たいなら、いいですよ」とクラスメートの前で言われ、その時点で少し居心地が悪かったですが、そう気にはなりませんでした。授業では、日米の戦争に対する解釈の違いと、個人の考え方の違いを目の当たりにしました。帰宅後、他の高校で歴史を教えているホストマザーに話をすると、顔色を変え「いろんな考えの人がいるのよ」と話してくれました。ホストマザーはすぐに私の高校に連絡をし、次の日から違う歴史の先生の授業を受けることになりました。すぐに相談できたこと、そして、敏速にホストマザーが対応してくれたおかげでした。何かおかしいなと思ったら話をする、対応してもらいたかったら話すことは大切だと思います。

今も似たような体験を多くの学生からも聞きます。ある学生は、留学先でアジアから来た留学生たちと歴史について話をしていると、自分の知らない日本のことを言われて驚くのと同時にとてもショックだった、と言っていました。また、日本に来た留学生からも同じような相談を受けます。学生には、海外で自分の文化や歴史はどのように学ばれているのかを知り、そして、自分の国を客観的に見るように伝えています。こういう話をすると学生は「嫌だな、怖いな」とネガティブに捉えることもありますが、異文化理解、多文化共生というのは知らないことを学んでいくことであり、それは自分の世界を広げる楽しいことであるはずです。

2.1.2　留学生に話を聞く

　事前研修には、日本に留学しているさまざまな国の学生たちに話してもらう時間を取るといいでしょう。学生にとっては、留学先の学生から話を聞けることが一番良いと思いますが、他国の学生の話を聞くのも、違いが分かって勉強になります。また、留学先から来ている交換留学生がいる場合は、紹介してもらって連絡を取るように勧めます。

　一例として、筆者の異文化コミュニケーションの授業は、英語講義で留学生も履修可能なため、これから留学する学生や留学したいと考えている学生と、交換留学生が一緒に学ぶことができ、留学研修ができます。そのクラスで、自分が留学する予定の大学から来ている交換留学生と知り合うことができるので、留学前から友達ができることが良かったというコメントをよく聞きます。また、違う大学からの交換留学生から、自分が留学する大学に通っている友達を紹介してもらい、行く前に話を聞くことができたという学生もいました。友達づくりが日本にいるときからできるのは良いことだと思います。

　授業に留学生がいる場合は、母国のことについて話をしてもらう時間をつくるようにしています。留学生が履修していない科目の場合は、交換留学生を授業にゲストスピーカーとして招くようにしています。ゲストスピーカーとして来てもらう前には、事前に会うなどして、依頼内容を説明します。クラス全体に話をしてもらう以外に、ゲストが数人来てくれた場

合は、学生を小グループに分け、そこにゲストが順番に回るというやり方があります。その際は、各グループが同じ質問をしないようにトピックを割り当て、最後に自分たちがどんなことをゲストスピーカーから学んだか全体に報告します。ゲストになる留学生にとっても、現地の友人をつくる良い機会となります。交換留学生のオリエンテーションでゲストスピーカー募集のチラシを配布して説明してもいいでしょう。

実践③　留学準備のアクティビティ

　ここで、留学前の準備で取り入れたいアクティビティを一つ紹介します。将来自分がどのようになっていたいかという絵を自由に描いてもらう『Co-creative Dialogue (CCD)』（八代他、2019）です。

　多くの学生が、将来のことまで考えたことがないと言いますが、絵を描いて、質問に答えながら考えることにより、将来のビジョンが具体的になります。

〈留学を経て、「今後の幸せな自分」について絵を描こう〉

用意するもの：
画用紙、オイルパステル、またはクレヨン（人数分）

1）自由に今後自分がこうなっていたら幸せだと思うことを描く。絵、または線や図などで表現してもいい
2）順番に自分が描いたものを見せながら説明をする
3）自由に質問をしていく（描かれていないことを聞いてもよい。例：その絵であなたはどこにいますか？　季節はいつですか？　風は吹いていますか？　など）。質疑応答から、自分が気付かなかったことを考えることにより、自分の思いがさらに具現化されていく
4）同じアクティビティが第4章にあるので、留学前に描いたものと、帰国後描いたものを比較し、互いに質問し合う

※『Co-creative Dialogue (CCD)』には、このアクティビティ以外にアイスブレーク用のアクティビティや異文化理解のためのシミュレーションゲームなどがあり、授業やトレーニングで活用できます

2.2　コミュニケーション学

　さらに留学準備期間に、この本で紹介するコミュニケーション、異文化コミュニケーション、自分のコミュニケーションスタイル、留学先の主なコミュニケーションスタイル、異文化適応のプロセスについて知っておくことが大切であることを学生には伝えます。ここで、コミュニケーションについて説明をします。

2.2.1　コミュニケーションは人によって違う

　語学に堪能な人が留学しても、なんとなくうまくコミュニケーションが取れないということがあります。それはコミュニケーションのスタイルの違いから来るものです。筆者も留学して3年目に相手の英語が分かるようになり、つたない英語でもなんとか意思の疎通ができるレベルまできましたが、まだ時々コミュニケーションがうまくいかないことがあり、なぜだろうと思い悩んでいました。大学4年生のときに「異文化コミュニケーション」という授業を履修した際に、コミュニケーションに違いがあるということを初めて知り「これかあ！　これが原因なのだ！」と雷に打たれるような衝撃を受けたのを覚えています。それと同時に、もし留学する前に語学と一緒に異文化コミュニケーションを学んでいたら、留学してからこんなに悩むことはなかったとも思いました。

　この体験から、もっと異文化コミュニケーションを学びたい、その重要性を伝えたいという気持ちになり、現在も大学で異文化コミュニケーションを教えています。異文化コミュニケーションは留学や企業の赴任で海外に行く場合だけでなく、日本国内にいても異なる文化的背景の人とコミュニケーションを取る際に役立つスキルです。

　以前は、コミュニケーションのスタイルを「アメリカ人のコミュニケーションスタイル」や「日本人のコミュニケーションスタイル」と国や文化で分けることができましたが、多文化共生の現代において、これが○○人のコミュニケーションスタイルと区切ることが難しくなってきました。例えば、同じ日本人でも海外生活が長い人や、親の転勤で海外を転々と引っ

越した人は、コミュニケーションスタイルだけで見れば日本人とは言えません。そこで、自分のコミュニケーションスタイルを知ることが大切だと日々学生たちには伝えています。それと同時に、相手のコミュニケーションスタイルに気付き、相手と効果的にコミュニケーションを取る練習をすることが大切です。

　また、留学を考えるとき、言語の習得は最も重要なことですが、言語だけではなく「非言語」コミュニケーションがコミュニケーションを効果的に取る上でとても大切だということを、次に紹介したいと思います。日本の教育では、英語を外国語として小学校から学びますが、文法や語彙など言語コミュニケーションを集中的に学習します。しかし、それだけでは異なる文化的背景の人とうまくコミュニケーションを取ることはできません。

2.2.2　言語コミュニケーションと非言語コミュニケーション

　人間が言葉を発達させた後、メッセージは主に言葉によって交換されるようになりました。しかし、コミュニケーションにおいて、メッセージを送る手段は二つあります。一つ目は言語コミュニケーション、言葉です。二つ目は非言語コミュニケーション、言葉以外のメッセージです。例えば、ジャスチャーや顔の表情などがそれに当たります。多くの人は自分が言語と非言語を組み合わせてコミュニケーションを取っていることに気付いていません。

　コミュニケーションのメッセージは言語と非言語にコード化されます。その割合についてメラビアンとウィナーは93％（準言語38％＋顔の表情55％）が非言語で、7％だけが言語による伝達であると分析しています（Mehrabian & Wiener, 1967）。また、バードウィステルは、65％が非言語によるものであると述べています（Birdwhistell, 1970）。

　非言語は言語の脇役として見られていますが、これらの研究から分かるように非言語はコミュニケーションを取る上でとても重要です。コミュニケーションで100％のメッセージを送るとき、言語コミュニケーションによるメッセージは7〜35％だけで、非言語コミュニケーションによるメッセージは65〜93％だとされています。そして、しばしば非言語コミュニ

ケーションは言葉の代わりをすることがあります。送り手が何も言わなくても、非言語コミュニケーションだけで送り手のメッセージが伝わることです。

　留学前、多くの学生は非言語コミュニケーションについて知らず、言語コミュニケーションだけが重要だと思い込んでいるようです。留学の目標として、言語の発音をネーティブスピーカーのようにスラスラと話せるようになりたいという学生がよくいます。それはとても良いことですが、留学先の非言語コミュニケーションについて学ぶことで、もっと効果的にコミュニケーションが取れることを知ってもらいたいです。

　次に、どのように言語と非言語のメッセージが送られ、また聞き手に受け取られるかを説明します。

　個人間コミュニケーションの過程を例に挙げてみます。まず、送り手のメッセージは伝達するために言語と非言語の2種類にコード化されます。受け手はそのコード化されたメッセージを刺激として五感（視覚、聴覚、嗅覚、味覚、触覚の5種の感覚）で受け取ります。例えば、相手の顔・体型・服装・目線・その場所を目で見る、部屋の匂い・香水の香りなどをかぐ、相手の声・周りの音を聞くなどです。そして、その刺激は脊髄を経由して大脳へ到着します。受け手は今までの経験からそのメッセージの意味を解読します（意味付け）。それと同時に受け手は意識的または無意識的に送り手に自分のメッセージを返します。言語コミュニケーションでは、五感の中でも聴覚がとくに大切ですが、非言語コミュニケーションは五感全てを使います。

2.2.3　言語と非言語の矛盾

　言語と非言語が同時に異なるメッセージを送った場合、受け手は非言語のメッセージを重視します。その理由は二つあります、一つは、非言語は単独では行われず、ごまかしが利きません。例えば、病人が「私は、大丈夫です」と言葉で言ったとしても、非言語コミュニケーションでは、苦しそうなしかめ面で、息使いは荒く、脂汗をかいてぐったりとしていれば、その容体を見た人はほとんど言語メッセージよりも非言語のメッセージを

信じるでしょう。人は非言語を生まれたときから学び実際に使っていくうちに、だんだん習慣的になり無意識に使えるようになります。これに対して、言語は小さい頃から無意識に学んだ後学校で意識的に学習し、辞書などで分からない言葉を調べるようになります。こうして言語メッセージの解釈の仕方は学びますが、非言語メッセージの解釈の仕方は習わないので、人は理屈抜きに直観的に行われる非言語コミュニケーションの方を正確だと信じるのです。

2.2.4　非言語コミュニケーションの分類

　非言語とは、コミュニケーションの場において言語的要素を除いた全てを指します。文化人類学者のエドワード・ホールは非言語を「沈黙の言葉」と呼んでいます（ホール、1966）。非言語コミュニケーションは7分類から24分類とさまざまな分け方がなされていますが、ここでは基本的な非言語コミュニケーションを15分類にして紹介します。

(1)　**身体的外観（Appearance）**　体型、身長、髪（髪型）、肌の色などです。また身に着けることでコミュニケーションを図るための装飾品や装身具（胸のバッジ、つえ、宝石、アクセサリー、小物など）、衣服・制服、化粧・タトゥーなどが含まれます

(2)　**周辺言語**　近言語、またはパラランゲージ（Paralanguage）とも言われています。これは音量、速さ、アクセント、発音、イントネーション、声の高低、声の抑揚などです。例えば、研究室をノックしたとき「どうぞ」と教授が返事をしたその声の調子からそのときの教授の感情の状態が、機嫌が良い、忙しそうなどと予想できます

(3)　**表情（Facial expressions）**　感情、意志、思考などの心的状態が顔に表れます。表情分析では、基本となる七つの感情表情があります。七つの感情の英語の頭文字を取ってSADFISHと呼びます（Ting-Toomey & Chung, 2011）：Sadness（悲しみ）、Anger（怒り）、Disgust（嫌悪）、Fear（恐れ）、Interest（興味）、Surprise（驚

き）、Happiness（喜び）

(4) **動作（Kinesics）** 頭・手のジェスチャー、姿勢、歩行行動、スピーチと同時にする動作など、広範囲にわたり、身体の動作全てを指します。気を付けたいのは、同じジェスチャーでも文化によってまったく別の意味で使われる場合があり、誤解を招くことがあるということです。また、時代と共に意味のないジェスチャーになったり、反対に新しい意味のジェスチャーも作り出されたりします

(5) **接触（Haptics）** 身体接触や接触行動とも言います。接触の部分、頻度、強さ、長さや、その場の状況などにより接触の仕方が異なります

(6) **視線（Oculesics）** 目線、視線の配り方などです。表情のように視線にも感情が表れます。また、視線で相手との関係が分かるとも言われています

(7) **プロクセミクス（Proxemics）** 知覚文化距離という言葉をホール(Hall, 1966) が作りだしました、対人間距離のことです。相手と話すときに空ける物理的、心的距離間隔が、文化における空間概念の違いや、人間関係によって異なります

(8) **沈黙の長さ（Silence）** 間も沈黙に含まれます。個人によって、会話中の「心地よい」と感じる間・沈黙は数秒から数分と異なります。沈黙の長さと発言するタイミングは相関関係にあると言われています

(9) **公式的時間（Formal time）、非公式時間（Informal time）** 例えば、何時までなら人に電話してもよいか、待ち合わせのときどれくらい遅れてもよいか。会議には始まるどれくらい前に行くのか。ホール(Hall, 1977) が *Beyond Culture* で「M タイム」と「P タイム」を論じています。M タイムとは Monochronic time で「単一的時間」、P タイムとは Polychronic time で「多元的時間」のことです。個人や文化によって時間の捉え方が違います。例えば、M タイムの人は一度に一つのことしかしませんが、物事を順序よく進め、約束を守

り、時間に正確なタイプです。Ｐタイムの人は、同時に複数のことを行い、時間にルーズで、約束に遅れたりしますが、人間関係を大切にします

(10)　匂い（嗅覚）　例えば、人に好まれる匂い、嫌がられる匂い、食べ物の匂い、香水や汗の匂いなど

(11)　色彩　色の象徴的意味など

(12)　建築物、内部装飾、家具の配置など

(13)　温度の影響など

(14)　図示記号　「トイレ」のサインや「取り扱い注意」を示す絵など

(15)　太鼓や煙の信号、パトカーのサイレンなど

　このように、非言語には身体的な要素から、人の行動、周りの環境など、たくさんのものが関わっています。非言語コミュニケーションは範囲が広く、一つ一つの要素がとても複雑です。非言語のメッセージの送受信は単独では行われず、常に無数にある非言語要素の組み合わせによって行われるため、微妙に変化しています。

2.2.5　非言語コミュニケーションと社会性

　非言語コミュニケーションにおいて私たちは、人間関係、年齢、場面など、そのコミュニケーションの状況にふさわしい行動パターンを体得し、習得したものを、状況に合わせて無意識的に応用しています。反対に、人間関係は非言語的行動によって決められるとも言え、例えば、笑うという行動も、上司の前では笑いたくても状況を考えて我慢をしたり、クスッと笑う程度にしたりしますが、友達の前だったら大笑いするなど、笑いを通して、人間関係が垣間見えることもあります。

　人は、生まれてから住んでいる社会や周りの環境の中で非言語コミュニケーションを学んでいくもので、生きていくために必要なルールです。それを間違ったりすると、集団の中で摩擦や誤解などが生じることがあります。それぞれの環境から得た、価値観、社会的ルールなどで形成される非言語コミュニケーションは、暗黙のルールのように明確に規定されておら

ず、奥が深く解明されていない部分がたくさんあります。

2.2.6　受け手側による非言語メッセージの意味付け

　意識的または、無意識的に行われた非言語コミュニケーションは、受け手側によって、ほとんど無意識的に意味付けされます。送り手が意識的または無意識的な行動を取っても、誰かに意味付けされた時点で、それはメッセージとなります。何も言わなくても、その場にいるというだけでもそれが意味付けされることがあります。例として、ドイツ人の留学生から「初対面の人に怖がられるのです、どうしてでしょうか」と相談を受けたことがあります。その留学生は話してみるととても優しいのですが、黒い色が大好きで、いつも黒い服に黒い靴を履き、髪は黒くて長く、冬は黒のロングコートを着ていました。そして身長はとても高く2メートル近くありました。その留学生が何も言わなくても、周りの学生たちはその姿を見ただけでメッセージを受け、意味付けしていたのです。

　ジェスチャーのように瞬間的に意味が分かるものを除き、動作の場合は写真のように瞬間的に撮って意味付けすることは難しいです。動作の場合、多くの非言語メッセージ（表情、視線、首、手、指、足、姿勢など）が同時に動きながらメッセージを送っているからです。

　受け手は自分の過去の経験や学習した記憶を基に、伝達されたメッセージを意味付けしています。非言語コミュニケーションの意味付けでは、習得性や社会性行動が大きな影響を与えます。今まで自分が習得した行動が新しい環境のものと異なれば異なるほど、違った意味付けを無意識のうちにしてしまいコミュニケーションが失敗することがあります。非言語コミュニケーションは無意識に行われることが多いので、学生には、まず自分の非言語コミュニケーションを認識させましょう。そのことによって、相手の非言語コミュニケーションにも気が付くでしょう。また、学生が自分の知らない非言語メッセージを意味付けすることができず、理解できないことがあります。その際には、コミュニケーションの状況、コンテクストを考慮することが大切だと伝えています。受け手側がメッセージをよく聞いていない・見ていない場合や、偏見でメッセージを誤って意味付けす

る場合には注意が必要です。

　ここで、言語コミュニケーションと非言語コミュニケーションで自分が
どのようにメッセージを送り、コミュニケーションをしているかに気付く
ために、二つのアクティビティを体験してみましょう。

実践④ 言語コミュニケーションのアクティビティ[注2]

目的：
・コミュニケーションを取るためには非言語コミュニケーションが重要であることを知る
・非言語メッセージを自分がどのように送っているか気付く
・相手の非言語メッセージの送り方を学ぶ

用意するもの：
・図が描かれた紙2枚
　※自分で図を用意する場合は、見たことがないような図や説明するのが難しい図を用意する。図2-1、図2-2を参照

1) ペアになり、説明役と図を描く役を決める
2) スクリーンに1枚目の図を映し、「図を描く役」には見えないようにする（または、説明役だけに図のプリントを渡す）
3) 説明役は相手がなるべくオリジナルの図に近い図を描けるように説明する
4) タイマーで時間を計る（3～5分）
5) 制限時間が過ぎたら、オリジナルの図と描いた図を比べる
6) 役割を交代し、図を変えて、同じ作業を繰り返す

＊指示の出し方
・お互いにジェスチャーは禁止、言葉だけを使うように注意する

注2　八代他（2019）でも紹介されている、「Back-to-back」というアクティビティに桜美林大学の古谷知子先生がアレンジを加え、筆者がさらにアレンジを加えました。

図 2-1   図 2-2

＊振り返りの方法
・「アクティビティの感想を話してください」
・「説明する側の難しかったことはなんですか？」「うまくいったこと
　は？」
・「図を描く側の難しかったことは？」「うまくいったことは？」
・「その他なんでも、思ったことを話してください」

　この言語アクティビティでは、非言語コミュニケーションが使えないも
どかしさを体験させることができますし、いままでどれだけ非言語コミュ
ニケーションを無意識に使っていたかを学生に実感させることができます。
　このアクティビティで、説明する人は手を膝の上に置き、非言語コミュ
ニケーションを使わないように指示しますが、始めてすぐに手を無意識に
動かす人がいるので、手を使わないように注意してください。本人も無意
識に使っていることに気付き、驚いたり、笑ったりするでしょう。
　そして、だんだんと手を使わないことに慣れても、言語だけでうまく

メッセージが伝わらなくなると「違うよ、もっとそっち、そっち！」と顎を使い出すことがあります。「言葉だけでがんばって説明して」と伝えると、無意識のうちに顎まで使っていたのかと気付き、驚きます。

　このアクティビティを異文化の人とやるとさらに難易度が増します。例えば、図 2-1 のⒶを「温泉マーク」と言っても理解してもらえないため、「クラゲ」や「マッシュルーム」と説明する人がいました。また、「半円にＳ字が３つある」と説明した人もいます。相手に理解してもらうために工夫して言葉を選び、ヒントを増やして説明していました。

　また、図 2-2 のⒷのチェックマーク（レ点）のような図は、「細い鳩サブレー」と説明していましたが、異なる文化背景の人がそのお菓子を知らず、今度は「細いナイキのマーク」などと説明していました。自分の知っている言葉で、相手も理解できるように説明しなければならないのです。このれは言語コミュニケーションのアクティビティですが、同時に非言語コミュニケーションの大切さを実感することになります。

　言葉は限られていて、思っていることを全て言葉で伝えることは難しいです。また、言葉は自分の経験からも意味付けをしています。言葉には辞書で調べた意味の他に、自らの体験から作り上げた意味もあるからです。例えば、辞書に靴の意味は「履物の一種。足をその中に入れ、履いて歩くための物」と書いてあります。しかし、「靴」と聞いてパッと頭に浮かぶのは、人によって違います。この間ネットで見て気になっている「青いスニーカー」が浮かんだ人も、週末に友達と買い物に行ったときに見た「茶色いヒール」が頭に浮かぶ人もいると思います。そこで「靴」と言うだけでなく、もっと言葉を足していかないと、それが黒い靴なのか、黒いひも靴なのか、黒いひも靴で爪先の色が明るい黒色なのかと、人によってまったく違う「靴」を頭で思い浮かべていることになります。

実践⑤ 非言語コミュニケーションの アクティビティ

　次は非言語コミュニケーションのアクティビティです。実践④と反対に非言語だけでメッセージを送る練習をしてもらいます。

　目的：
・コミュニケーションを取るためには言語コミュニケーションが重要であることを知る
・言語メッセージを自分がどのように送っているか気付く
・相手の言語メッセージの送り方を学ぶ

　用意するもの：
・人数分の紙

1) ペアになり、説明役と聞き役を決める
2) 説明役は「夏休み・冬休み・春休みの一番の思い出」をジェスチャーと絵で説明する
3) 聞き手役は相手のジェスチャーと絵の説明を黙って見る
4) タイマーで時間を計る（2〜3分）
5) 制限時間が過ぎたら、聞き手役は理解した内容を言葉で説明役に説明する。説明役が伝えていた内容と合っているか答え合わせをする
6) 役割を交代し、テーマを変えて、同じ作業を繰り返す

＊指示の出し方
・お互いに言葉を話すのと文字や数字を書くのは禁止、ジェスチャーと絵だけを使うように注意する

＊振り返りの方法
・「アクティビティの感想を話してください」
・「説明する側の難しかったことはなんですか？」「うまくいったことは？」
・「聞き手側の難しかったことは？」「うまくいったことは？」
・「その他なんでも、思ったことを話してください」

　非言語コミュニケーションは大きさ・場所・感情を表現するのに長けています。反対に言語コミュニケーションは大きな数字など、細かいことを説明するのに長けています。その二つを組み合わせることでコミュニケーションはうまくいくことを、実践④⑤のアクティビティを体験する中で実感できるでしょう。

2.3 異文化適応のプロセス

次に異文化適応のプロセスについて紹介します。

カルチャーショックという言葉をよく耳にすると思います。カルチャーショックとは、慣れ親しんだ環境から不慣れな環境に移るときのストレスが多い時期を指します。このストレスや混乱は感情・行動・認知の各レベルで発生します。

2.3.1 カルチャーショックとは

留学におけるカルチャーショックは、人によって感じ方が異なります。人によってはまったく経験しなかったという人もいますし、ひどいカルチャーショックを経験したという人もいます。

文化人類学者のオバーグ（Oberg, 1960）がカルチャーショックという言葉を普及させたといわれています。カルチャーショック には個人差がありますが、傾向として四つの段階があると提唱しています。そして、アドラーはネガティブに見られがちなカルチャーショックは自己が成長する過程だとポジティブな面を主張しています（Adler, 1975）。いろいろな研究者が異文化適応のプロセスを挙げていますが、ここではステラ・ティングトゥーミー（Ting-Toomey & Chung, 2012）のWカーブモデルの異文化適応のプロセスを使って説明します。

カルチャーショックにはUカーブモデルとWカーブモデルがあります。Uカーブは海外に行った人が体験するカルチャーショックを表す曲線です。Wカーブは海外へ行って、母国へ帰国したときに体験する再入国カルチャーショック（Reentry culture shock）を含めて表す曲線です。再入国カルチャーショックは逆カルチャーショック（Reverse culture shock）とも呼びます（再入国カルチャーショックについては第4章で詳述）。海外へ行く前にカルチャーショックと再入国カルチャーショックについて知っておくだけでもいいと思います。注意点として、全ての人が同じようなプロセスを経験するとは限らないことを念頭に置いておいてください。

筆者もアメリカに留学した3年間くらいは英語、現地の文化、価値観

などを学ぶのに必死でした。カルチャーショックの W カーブモデルを大学 4 年で初めて学んだとき、留学する前に知っておけばよかったと思いました。そのため、今は授業で必ずカルチャーショックについて扱いますし、アクティビティを通して教室内で実体験してもらうようにします。また留学相談に来た学生で希望する学生にはトレーニングを行っています。

2.3.2　カルチャーショックの主な兆候

　カルチャーショックの時期とそのレベルには個人差がありますが、だいたい留学してから 3 カ月目から 6 カ月目の間に現れやすいといわれています。カルチャーショックのことを知っておき、海外滞在中の心身の不調は多くの人が経験することであって、自分だけのことではなく、一時的なものであって多くの人が乗り越えているということを理解するだけでも、症状は軽減されるでしょう。筆者はこのような知識がないまま留学したため、自分がおかしくなったのか？と不安になりました。これから留学する人には悩まないようにしてもらいたいです。

　一般的に現れる精神的、肉体的な症状は以下になります。

（精神的な症状）
・集中できない
・現地の文化や生活になじめない
・ホームシックになる
・憂鬱な気分
・過度のストレスと不安
・アイデンティティの混乱
・落ち込み
・イライラする
・価値観の混乱
・孤独感
・情緒不安定といったネガティブな感情

（身体的な症状）
・頭痛
・不眠
・食欲低下
・消化不良
・いつも疲れている

🖰 **カルチャーショックのUカーブモデル**

　カルチャーショックのUカーブモデルは、Uカーブ仮説（Lysgaard, 1955）やU字型曲線モデルとも言われ、海外へ行った人が異文化に適応するまでの、ハネムーン期、混乱期、回復期、適応期の心理的な段階を表しています。

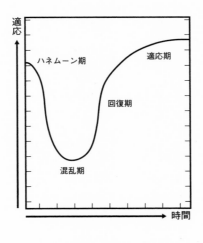

図2-3　Uカーブ

🖰 **カルチャーショックのWカーブモデル**

　Wカーブモデルは海外へ行った人が、また母国へ戻る場合の異文化適応モデルです。このモデルには七つの適応段階があります。

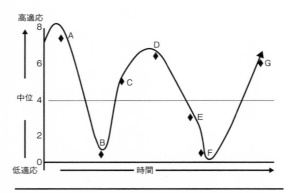

図 2-4　Wカーブ

出典：Ting-Toomey & Chung（2012）の改訂版W型適応曲線モデル（Revised W-Shape Adjustment Model）p. 102
Figure 5.1

A　ハネムーン期／蜜月期　（Honeymoon stage）

　ハネムーン期は海外へ行ってすぐに経験する楽しい時期です。この時期は、行きたいとずっと思っていた海外へ来て、留学生活が始まり、何もかもが目新しくワクワクしながら新しい文化、環境に胸を躍らせているので、すぐに気が付くようなポジティブなことが目に入ります。例えば、人が優しい、空が青い、ハンバーガーが大きいなどです。

B　闘争期　（Hostility stage）

　闘争期は「カルチャーショック」と言われる時期で、個人差がありますが3カ月から6カ月目くらいに体験するといわれています。ハネムーン期を過ぎ、新しい文化や言語を理解しようと努力していたことが積み重なり、ストレスを感じるようになります。どのようなことでストレスがたまっていくかというと、例えば、銀行でお金を引き出すという行動は、日本にいた頃には短時間でできたはずです。しかし、異国でお金を引き出すときは、

まずは銀行、または ATM の場所を調べ、営業時間を調べます。そして引き出すときの言葉が分からなければ訳を調べたりして、お金を引き出すだけで何時間もかかります。店に買い物に行っても同じで、日常生活に慣れるまでにストレスがたまっていきます。挫折を味わったり、自信を失ったりして、孤立感を感じ、だんだんと現地の人と交わることを避けるようになります。そして慣れ親しんだ母国の文化、人、食事を懐かしく思いだします。留学先の文化の悪いところばかりが目につき始め、自分の国や文化の良いところに目が行きます。

　筆者のカルチャーショック体験談として、留学 1 年目の高校生のときのことが挙げられます。英語も分からず、高校の授業もついていくのがやっとで、もう日本に帰りたくて、2 つのスーツケースの 1 つは荷物を詰めたままにして、いつでも日本に帰れるようにしていました。ある日、授業中に泣いてしまったのが、カルチャーショックのピークだったかもしれません。今振り返ると、先生も英語が分からない留学生の扱い方を知らなかったのだと思います。いつも英語が分からない筆者に、大きな声で指示を出す先生がいました。大きな声で説明してもらっても英語が分かるようになるわけではないのですが、こちらも理解しようと必死でした。ある日、その先生があまりにも英語が分からない筆者に大声で説明し始め、ついに筆者は泣き出してしまいました。勉強についていけず、何もかもが新しく、分からないことだらけの生活が続き、精神的にいっぱいいっぱいだったと、自分でも思います。その後、その先生の態度は変わり、大声で指導するということはなくなりました。

　同様のケースなどから、留学生だけなく、受け入れる側の教員の異文化トレーニングも必須です。

C　ユーモラス期　（Humorous stage）

　カルチャーショックの時期を抜け、新しい生活環境にもだいぶ慣れてくると、どの社会にも善い人と悪い人がいるように、それぞれの文化に長所と短所があることを理解するようになります。自他の文化を客観的に見ることができるようになり、日本の文化の良いところと、留学先の文化の良

いところが見えてきます。また、自分が失敗しても笑い飛ばすことができるようになります。

　例としてよく学生に話すのは、高校生のときにホストファミリーの家に１年間お世話になっていたある日、食後の後片付けをホストマザーと一緒にしていたときの話です。ピーナツバターの瓶をどこにしまうか分からず「Where does this one go?」と聞くと、ホストマザーが「Throw it away there.」と言ったように聞こえました。（え？　まだ少し残っているけど、本当にいいの？　さすがアメリカ）と心の中で思い、「Really?」と聞き返すと、ホストマザーは「Yes, please.」と言うので、（もったいないなあー）と思いながら、ピーナツバターの瓶をごみ箱に捨てました。その瞬間、ホストマザーが「NO! Why did you do that?」とびっくりしていたので、「You told me to throw it away.」と言うと、「Oh, no. I said PUT it away.」。PUT と THROW を聞き間違えてしまったと気付き、二人で大笑いをしたのを覚えています。もし、同じことが少し前のカルチャーショックの時期にあったら、自分に自信がなかったのできっと「なんて駄目なの、英語が全然できないし、もう最悪……」と思い、落ち込んでいたに違いありません。それから４年後の大学４年のときに初めてカルチャーショックについて知り、あの時はユーモラス期だったのだと思いました。

D　同期適応期　(In-sync stage)

　新しい環境の日常生活にも慣れて、現地社会にもうまく溶け込める時期。現地の言語でも自分の考えや感情を伝える自己表現ができるようになっています。現地の習慣や行動についても解釈ができるようになり、新しい状況に直面してもうまく乗り切ることができます。例えば、筆者がこの頃に体験したのは、他の留学生に問題が発生し、なんとか助けてもらえるようにホストファミリーに状況を一生懸命に英語で説明をしているときに、ホストファミリーから「かなり英語が上達したね」と言われて、自分でも言われてみれば、流ちょうな英語ではないけれど、なんとか言いたいことが伝えられるようになったと気が付いたことです。

E　アンビバレントな時期　（Ambivalence stage）

　帰国する日が近づき、名残惜しい気持ちと、母国に帰れるという安堵感の両方が混在する時期です。現地で新しくできた友達と別れる寂しさと、その反面、母国で待っている家族や友人たちにも早く会いたいという気持ちが入り混じります。

F　再入国カルチャーショック期　（Reentry culture shock stage）

　再入国カルチャーショックは帰国後に直面するカルチャーショックです（→ p. 98）。この衝撃は留学先で経験したカルチャーショックよりも大きいといわれます。再入国カルチャーショックが起きる理由は、留学先で異なる国の文化に長期間滞在し、慣れ親しんだ行動が母国では通用せず、「おかしい」と見なされることです。また、自分が留学先にいる間に、自身の文化を理想化して捉えていた場合などにも起こります。あるいは自分は母国の家族や友人が変わっていないと思っているのに、彼らが変化している場合も衝撃に直面します。反対に、自分は留学を体験して成長したと思っているのに、家族や友人に昔の自分と同じように扱われる場合もカルチャーショックを受けます。また、自身のがんばってきた留学体験を家族や友人に話したくて、例えば1年間の長期留学分を思い出しては話し続けますが、最初は興味を持ってくれた家族や友人もだんだんと異文化体験について無関心になり、話を聞いてもらえなくなるということもあります。多くの学生たちの例からすると約1カ月もすると、留学の話は周りの人から「またその話か……」と飽きられるので、いつまでも留学の話ばかりしない方がいいでしょう。

G　再社会化期　（Resocialization stage）

　帰国してから再社会化する時期の行動はさまざまですが、よくあるパターンを二つ紹介します。一つ目は、留学体験で学んだスキルや考え方を他の人に見せることなく、ずっと日本にいたかのような生活に戻ることです。よくあることですが、帰国子女が英語を話せることを隠したり、海外にいたことすら隠したりするのがそうです。ある日本人学生は海外に留学

していたと話したとたん、英語を話してみてなど、「外国にいた人」という
うステレオタイプの目で見られ、茶化されたりするようになったので、し
ばらくの間は知らない人には海外にいたことを話すことをしませんでした。
二つ目は、帰国後、母国の社会になじむことができず再び海外に居場所を
求めることです。留学していた学生の多くが、帰国後の数カ月は海外に戻
りたいと言いますが、そのうちに自分の文化と他の文化の良いところを融
合させて、相手や状況に応じて行動するようになります。

　さまざまな適応段階のうち一つだけ体験する人もいると思いますが、い
ろいろなパターンを違う時期に経験する人もいます。最初は留学経験を隠
して、次に海外に戻りたいと思い、そして最終的にゆっくりと時間をかけ
て日本社会に戻ったというパターンもあります。

2.3.3　カルチャーショックの対処法

　カルチャーショックはよくあることで、多くの人が経験していることで
す。現地ではその兆候に注意しつつも、過剰に恐れないでください。カル
チャーショックのことを知っているだけでもショックは軽減されます。

　留学先へ行くと、初めは異なる文化と言語の中で、日常生活に慣れるま
でのストレスの積み重ねから、母国にいたときよりも疲れが出ます。留学
する前のトレーニングでは、よく寝ること、しっかり栄養のあるものを食
べること、日本で好きだった趣味などをやる（例：ギターを弾く）ことな
どがよく推奨されます。食べ物も、寮のカフェテリア（コモンズ）やホー
ムステイ先で提供される現地の食べ物が口に合わなかったり、慣れなかっ
たりするときは、一度日本食を食べに行くと気持ちが落ち着くので、我慢
せずに早めに食べに行くように伝えます。また、一人暮らしの人は自分で
食事を作るため、あるいは外食ばかりのために栄養が偏ることが多く、栄
養を考えながら自分で料理することを学生には勧めています。

　カルチャーショックのときは、他者や現地の人と現地の言葉で話すこと
に疲れて、ついつい一人で部屋にこもったり、ふさぎこんだりしてしまう
ことがあるので、母国の家族や友人と話して、少しでもホームシックな気
持ちを軽減させる必要があります。そのために、担当の教員やスタッフは

学生に対して、現地の活動に顔を出したり、大学の国際センターのイベントに参加したり、現地や母国の人と話したり、おいしい物を食べたりするなど、自分に合ったストレス解消法を見つけることを促すとよいでしょう。それでも解消されない場合は、プロのカウンセラーに相談してみることを勧めてください。

実践⑥ カルチャーショックを体験する
アクティビティ[注3]

〈Fumi Activity：カルチャーショック疑似体験アクティビティ〉

目的：
・カルチャーショックの経験を疑似体験する
・異文化の中で生活したり働いたりすることの難しさを知る

用意するもの：
・パターンが描かれた紙（1人につき1枚）
　※カルチャーショック・アクティビティ用紙（→シート1、p. 65）
・筆記用具
・鏡（3人で1つ）
　※100円ショップなどにあるスタンド鏡。持ち歩き用の手鏡では大き
　　さが足りません

1）3人ずつのグループに分かれる
2）1人がパターンの線と線の間に線を描く
3）2人目は鏡を持つ
4）3人目は、ノートなどをパターンの紙の上に置いて、パターンに線を
　書く学生の視界を遮る。従って、パターンに線を描く学生は、下を向
　いてもノートやフォルダーしか見えず、鏡越しにしかパターンを見る
　ことができない（写真2-1参照）

注3　筆者のアクティビティ（→シート1、p. 65）はニューメキシコ大学名誉教授、ジョ
　　ン・コンドン先生（Dr. John Condon）のオリジナルのアクティビティに少しアレン
　　ジを加えてあります。

鏡

パターン
を遮る紙

パターン

写真 2-1　Fumi Activity の様子

＊指示の出し方
・1人の学生が、パターンの紙の上にノートやフォルダーを置き、もう
　1人が鏡を持つことを説明する。3人目の学生は、外側の線からはみ
　出さないように、パターンにある文字の線と線の間に自分の線を描く
・パターンに線を描こうとする学生は、鏡越しにしか手元の紙を見るこ
　とができない。視線を調整するには、鏡を持っている学生に指示を出
　さなくてはならない
・どの地点から始めても構わない。もし特定の地点から動けない学生が
　いたら、別の場所から挑戦するように指示する
・きれいに真っすぐの線を描くように指示する。波状にうねった線に
　なったり、線からはみ出したりしないように注意する
・線を描く学生には、まず利き手でない方の手でやってもらう
・グループ内の各学生に、順番に線を描いてもらう

＊振り返りの方法
・この活動の目的を説明し、学生の反応を観察する
・「どんな感じがしたか？」

・「やっているときにどう思ったか？」
・「何が難しかったか？」
・「工夫したことは？」
・学生の反応を、実際に経験したことのあること（異文化を訪問したときなど）と同じように考えてもらうように促す

＊オプション
・時間がある場合は、利き手で2回目をやってもらい、1回目と2回目の違いを比べてもらう

＊注意する点
・このアクティビティでうまくいかなくても、実際のカルチャーショックの体験とはまったく関係がないことを伝える
・手が動かなくなってしまう場合は、別の場所から始めることを勧める
・グループ内で初めにやる人は一番難しく、後でやる人の方がやり方を見ているのでうまくいくことを、アクティビティ後に話す。やってみてうまくいかなかったと落ち込まないように気を付ける

　このアクティビティを何年も紹介してきて驚くのは、海外に頻繁に行く人や、母国以外に住んでいる人も含めて、多くの人がこのアクティビティに興味を持ってくれることです。筆者もこのアクティビティに出会ったのはアメリカに10年間住んだ後でしたが、自分が体験したカルチャーショックに似ていたと共感できました。海外に行ったことがなくても、留学経験が豊富でも、また国内でも異なる文化にいる人など、多くの人に体験してもらいたいと思っています。
　アクティビティをやっている際、鉛筆（またはペン）をまったく動かせないときに感じる「もどかしさ」や「行き詰まり感」そして「どうしたらいいのか分からない」「自分では正しいと思ってやっているけど違う」「イライラする」「疲れる」「自分じゃないみたい」「どうしてできないのか

分からない」「頭が痛くなりそう」「できない自分が悔しい」など、カルチャーショックととてもよく似た感情を経験します。

　3人のグループで協力しながらアクティビティを体験してもらうのですが、初めにパターンをなぞる挑戦者が一番大変で、それを見ていた2番手、3番手はこつをつかみ1番手よりもうまくいくということがよくあります。もちろん3番手でも難しく感じる人もいます。

　また、たまにどうしてもパターンを最後までなぞり終えることができず、途中でリタイアしてしまう学生がいます。そういう場合、留学したらひどいカルチャーショックを経験するのか？と質問されますが、それはありません。このアクティビティはあくまでも、カルチャーショックに近い気持ちを体験できるだけで、実際のカルチャーショックへの耐性などを測るものではありません。

　実際、カルチャーショックというものが存在し、どんな兆候があるのかを知っていると知らないのとでは受けるショックの大きさが違います。留学前にカルチャーショックを学び、アクティビティを体験してあったので、症状がそんなに大変に感じなかった、と言う学生は少なくありません。

2.4　留学前研修を受けた学生の感想・エピソード

　この章で紹介したさまざまな理論と四つのアクティビティは、異文化コミュニケーションの授業でも、短期留学や長期留学前の学生のトレーニングでも扱われます。どれも手軽に楽しく学ぶことができるので、とても人気があります。

　以下は、事前研修を受けて留学した学生たちの振り返りです。

【アメリカへ短期留学した日本人、18 歳】
　私はアメリカに 3 週間の短期留学へ行く前に事前研修を受けました。初めての海外だったので同じ大学のメンバーと一緒に行けるというのはとても心強かったです。まずは英語で話すことに苦手意識を持っていたので、初めはなかなか現地の人と話すことができませんでしたが、現地の人が会話しているときの非言語コミュニケーションやコミュニケーションスタイルの違いを観察しました。事前研修でコミュニケーションについて学んだことが役立ちました。研修の終わりの方になってから、やっと英語で質問する勇気が出てきて、現地の人ともコミュニケーションが取れるようになり、もっと話したかったと思いました。

【カナダへ長期留学した日本人、21 歳】
　私はカナダに 1 年間留学する 2 カ月前に事前研修を受けました。そして、留学して 3 カ月くらいしたらカルチャーショックを経験しました。年末でイベントが多いので、家族や友人のことを懐かしく思いました。でも、事前研修でカルチャーショックについて学んでいたので、「これがカルチャーショックか」と思うことができました。そのときは家族と友人に頻繁にビデオ電話をしましたが、その後は徐々に現地の生活にも慣れて、日本の友達に連絡することは少なくなりました。

カルチャーショック・アクティビティ用紙

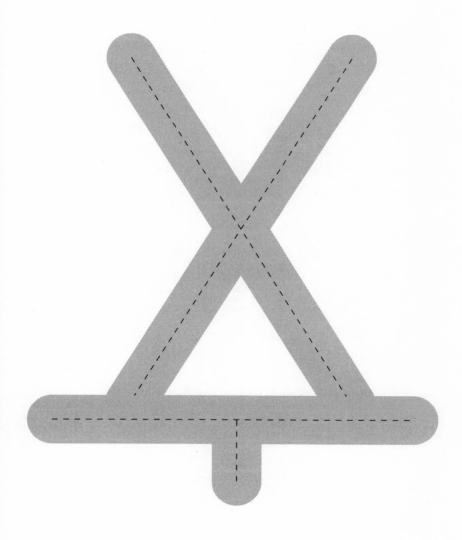

Column 2　留学する大学の決め方

　留学相談をしていて、よく学生から「どこに留学したらいいか分からなくて」という質問をされます。協定校留学でも多くの留学先がありますし、個人で行く私費留学の場合は自分の行きたい所に行けるので無限にあります。私も留学先を決められず、一度、留学相談を専門にしている所に行った経験があり、無数の可能性があるから決まらず迷うという気持ちはよく分かります。相談を受けていていつも感じるのは、多くの学生は自分の行きたい場所の条件があり、それを話しているうちに自分で決めていくという形式を取っているということです。学生自身が答えを持っているので、話しながら自分で決めるように導くことを心がけています。

　相談を受けたときは、まずは将来やりたいことが決まっているかを聞きます。決まっている場合は、将来やりたいことが学べる、またはそれにつながるような大学を紹介します。

　多くの学生が、将来やりたいことが決まっていないと答えます。私も大学4年生になるまで自分がやりたいことが分からず、見つけてもコロコロ変わったものです。そういう場合は、いろいろな質問をしていきます。例えば、「気候は暑いのと寒いのとではどちらが好き？」。それだけでも、寒いのは絶対に嫌だと答える学生もいます、そうすると消去法で自分の好みの場所が限定されます。以前、将来はアート系の仕事に就きたいし、美術館巡りが好きだという学生がいました。そうなると田舎にある大学よりも美術館や博物館があるような街にある大学に行った方がいいということが分かります。また逆に、友達をたくさん作りたいので、小さな大学でしかも田舎にあって、近くの店が数キロ離れているような所が理想だと言う学生もいました。理由を聞くと、少人数の大学で田舎にあれば他の留

学生や現地の人々と交流が図れると思うからということでした。ち
なみに、私が短大へ行ったのは寮があるという理由からでした。超
が付くらいの田舎にあり、寮生活で友達はできましたが、マクド
ナルドが1軒とスーパーが2軒だけの人口約3,000人の町は、映画
館もデパートもなく、退屈な思いをしました。なかなかパーフェク
トな留学先はありませんが、何が自分にとって譲れない重要ポイン
トかを考えながら留学先を決めます。

　他には、「留学してやってみたいことは？」「留学する理由は何で
すか？」と尋ねます。留学する理由は学生によってさまざまです。
語学を学びたい、文化を学びたい、将来の仕事のために役立つか
ら、海外に行ってみたいなどです。英語ができるようになりたいと
言う学生にどれくらい英語ができるようになることが目的かを聞く
と、「日常会話ができるくらい」と答える学生が多いです。日常会
話という概念は範囲が広いし、ここまでやれば日常会話ができるよ
うになるというゴール設定も難しい。私も自分は日常会話ができな
いとアメリカにいても長い間思っていました。そこで、日常会話っ
てどういうこと？とその人にとっての日常会話の意味を考えてもら
います。それが1年でできそうかも確認します。あやふやなゴール
設定をして達成感がないと、せっかく留学したのに「日常会話もで
きないままだ」と感じてしまうでしょう。

　また、留学するのに目標は作らないという学生もいますが、それ
はそれでいいと思います。

第3章　留学中のサポート・相談

　第2章では、留学先で経験するカルチャーショックについて説明をしましたが（→ p. 51）、多くの人がその症状および詳しい対処法を知らないまま留学していることが多いです。留学相談をしていて感じるのは、留学前準備、トレーニングだけでなく、留学中も学生をサポートし、学生が必要なときに必要なサポートを活用できる体制があれば、つらい思いをする学生がいなくなるのではないかということです。

　本章では、留学サポートに役立つ理論と「三つの習慣」を紹介し、実際の相談事例を見ながら、留学成功のためのポイントを考えます。

3.1　サポートシステムの在り方

　留学先のサポートは大学によって異なります。受け入れ前から留学中に至るまで、さまざまなサポートがある大学とそうでない大学があります。またサポートを受ける留学生がサポートをフルに活用できない、または、サポートの存在自体を知らないことも問題です。一般的に、大学では留学生向けのサポート・支援制度として、全学生向けの健康相談支援、大学の国際センターのような留学生を担当する課による支援などがありますが、多くの留学生が留学生向けのサービスがあることを知りながら、ほとんど利用していなかったと聞きます。従って、サポートする大学側などは、まずはサポート・支援制度があることを留学生に十分に伝えることが重要です。留学生はせっかくのサポートを最大限に活用するといいでしょう。また、留学中、送り出した側（大学、留学団体など）も学生のためにどのような支援ができるかを考えてほしいと思います。

3.2　異文化理解とは

　留学先の海外だけでなく、多様化が進む国内においても、異文化理解力を身に付けさせることが大切です。異文化に接した際に、好奇心、認知的な柔軟性、「非判断力（Non-judgmentalness）」を養うことができます。Kozai Group の研究結果によると、判断力の高い人と非判断力が高い人というのは異なります。判断力の高い人は、その場の状況についてすぐに明確な判断を下すため、その結果を修正したり、最初の結果と矛盾する情報を探したりすることには消極的です。その反対に、非判断力が高い人は、判断する前にその状況を理解するために情報収集をし、柔軟に判断を変え、異なる行動を積極的に受け入れます。

　とくに判断力が高い人は、好奇心が旺盛な場合、新しい文化や状況に接する機会が増えるため、文化の違いを正しく解釈し、認知的な柔軟性を高める、つまり偏見やステレオタイプを減らす必要があります。そこで「D.I.E.」[注4] 法が役に立ちます。

　D.I.E. 法の目的は異文化理解能力の養成です。異文化を理解しようとするときに、偏見やステレオタイプをできるだけ排除し、文化的な謙虚さをもって見慣れない状況を解釈し、新しいスキルとして取り組むことができるようになります。この能力は、適切な順序でトレーニングすることによって育成することができます。D.I.E. 法の「D」は Description で、見たことを説明します。「I」は Interpretation で、見たことを解釈します。そして「E」は Evaluation で、その解釈を基に評価をします。異文化においては、同じ物を見ても、それをどう解釈するか、さらにその解釈をどう評価するかで、結果が違ってきます。新しい文化において見慣れない状況を判断する力が留学ではとても大切になります。

注4　Bennett（2015）によると、D.I.E. 法はアルフレッド・コージブスキー（A. H. S. Korzybski）の一般意味論（general semantics）の研究に触発されたもの。このアイデアを基にジェネット・ベネット（Janet Bennett）とミルトン・ベネット（Milton Bennett）は 1973 年にミネソタ大学で D.I.E. 法の原型を作り上げました。

D.I.E. 法の基本的なプロセスは四つのステップで構成され、物や写真を使って学生にディスカッションをさせます。

　　　ステップ１：【D：説明】では、提示された物や写真を見て、客観的
　　　　　　　　　に説明します。その際に解釈や評価をしないように気
　　　　　　　　　を付けます。
　　　ステップ２：【I：解釈】では、対象物を解釈します。例えば、何な
　　　　　　　　　のか、何に使う物かなどです。認知力の柔軟性を高め
　　　　　　　　　るために想像力を膨らませていろいろな解釈をするこ
　　　　　　　　　とがポイントです。
　　　ステップ３：【E：評価】では、対象物の評価をします。その際に肯
　　　　　　　　　定的な解釈と否定的な解釈の両方をします。
　　　ステップ４：最後に対象物が何であるか説明します。

　ここで D.I.E. 法の具体例としてある出来事を紹介します。筆者がアメリカの大学で教えた後に帰国し、日本の大学で教え始めたとき、授業中に教室前方の机の上に座って講義をして、学生から注意されたことがありました。

【D】大学の先生が机の上に座って講義をする

という行動が、

アメリカでは
【I】カジュアルな雰囲気をつくろうとしている
【E】好感が持てる先生

日本では
【I】机に座ってはいけないことは幼稚園児でも知っているのに
【E】行儀の悪い先生

となったことが原因です。

　オリジナルの D.I.E. 法から、多くの異文化コミュニケーションのプロフェッショナルが刺激を受け、さらにさまざまな状況に適応させ、発展させてきました。例えば、O-D-I-S と呼ばれる方法は、観察（Observation）をして、記述（Description）、解釈（Interpretation）、そして最後に判断の停止（Suspension of Judgment）という思索的なプロセスを経て行われます（Ting-Toomey & Chung, 2012）。また、Nam & Condon (2010) の方法は、参加者のコメントを解釈に限定するよう指導することが困難であることを受けて、Description, Analysis（分析）, Evaluation の頭文字を取って D.A.E. と呼ばれます。さらに、Deardorff (2012) は、起こっていることを観察し（Observe）、起こっていることを客観的に述べ（State objectively what is happening）、それに対する異なる説明を探求し（Explanations）、どの説明がより可能性が高いかを評価する（Evaluate）OSEE を提唱しています。これらのバージョンは全て、異文化理解の核となる好奇心、認知的な柔軟性、非判断力を促進させるためのものです。また、D.I.E. 法を使ったアクティビティは異文化関係の本でも紹介されています（八代・町・小池・吉田、2009）。

　ここで注意してもらいたいのは、いくら異文化理解といっても、新しい状況において「何かおかしい？」「何か変だな？」と少しでも感じたときには、留学団体、大学など、すぐに誰かに相談することを学生には勧めます。何もかも文化的な違いとうのみにせず、ときには危険を察知する直観を信じ、勇気を出して自分の身を守ることも必要であることを学生には伝えます。

3.3　三つの習慣

　次に、留学中に学生に必ずさせてほしい三つの習慣を紹介します。

①　振り返り

　異文化トレーニングの研修では必ず振り返り（Debriefing）をさせます。この時間はとても重要で、自分の行動や周りの行動などを振り返ることによって学生は多くのことを学びます（八代・樋口・日下・勝又、2019）。振り返りには、過去の行動や、活動、研修した内容などを見直し、その経験を生かして次のアクションにつなげる意味合いがあります。そのため、必ず全員が話すこと、相手の発話内容を批判せず受け止めること、また、振り返りで話されたことは他言しないというルールの下で、全員が安心できる空間で話せるようにすることがまずは第一です。

　留学相談となるとなんとなく身構えてしまう学生がいますが、少人数のグループで打ち合わせのような形式で振り返りをする中では気軽に相談することができます。また、グループでは他の人と自分を比べてしまうという学生もいるため、学生が希望する振り返りのスタイル（個別・グループ）をあらかじめ聞くことを勧めます。

　留学先、または送り出し側が学生の様子をうかがうためにも、この振り返りのセッションは定期的に設けるといいでしょう。渡航後落ち着いて1カ月くらいした頃と、カルチャーショックを感じ始める3カ月目ごろ。そして、年末やお正月も、日本で家族がそろうときで懐かしく思い出す頃なので、振り返りを設定するといいと思います。

　最近では、オンライン親睦会を開催することも可能です。少人数のグループで振り返りをする利点は、他の人の話を聞いて共感することがあったり、自分では体験しなかった話を聞けて勉強になったりすることです。他の人には話を聞かれたくないという場合は担当者と個別に振り返りをします。またグループでの振り返りに参加した後に、さらに担当者に個人的に相談に乗ってもらうこともあります。

　留学相談も、担当者と初めて会う場合は緊張するので、事前に一度でも会って心的障壁を取っておくとよいでしょう。留学生によっては、ちょっとした問題があっても我慢して相談しなかったり、または自分で解決すると言って話をしないことがあるからです。自分で解決できるのであればいいですが、担当者やメンターなどの経験者からしてみれば、ほとんどがよ

くある問題で、相談さえしてくれればすぐに解決できたり、問題になる前に未然に防げたりすることが多いのです。

　本当に悩んでいる学生はなかなか自分から連絡をしてくることはなく、聞かれたから話すという学生が多いです。悩みがないと言っても、どんな生活を送っているか具体的に話を聞いてみるといいでしょう。

🖐 短期留学の場合

　短期留学の場合は、時間がある限り毎日の授業後、またはアクティビティ後などに、感想や疑問など、なんでもいいから思ったことを話して頻繁に振り返りをさせることが効果的です。スタッフや教員が常に周りにいるので、その場ですぐに助言することができます（Katsumata & Nishihara, 2021）。そうすることで担当者や引率者も学生の適応状況が把握でき、適切なサポートがしやすくなります。

　期間が短いため、良くなったと思うことを小まめに振り返り、同時期に短期留学したメンバー同士で褒め合うことをルールにするのがとても有効という研究結果も出ています。

　例えば、現地の家庭を訪問するアクティビティの前に、授業で文化の違いを紹介します。その後、実際に現地の家庭を訪問し、帰校後に振り返りを全体で行います。アクティビティ直後は感想や疑問が次々と湧き起こり、話を共有したいという学生が多いです。アクティビティがない、語学留学の場合でも、必ず一日の終わりに集まって振り返りを行いましょう。夜集まれない場合は、次の日の朝に前日の振り返りをすることもありますが、細かいことを忘れてしまわないよう、その日のうちに行うのがベストです。

②　ジャーナル・ライティング

　留学中は学生にこまめにジャーナル（日記）を書かせることをお勧めします。その理由は、自分だけで振り返りができるからです。異文化のなかで新しいことを次から次へと体験しますが、忙しくなると忘れてしまいます。自分の成長を見逃さないためにも、困難にどう対処したかなどを振り返り、記録させることはとても重要です。

ノートに書く以外に、近年はスマートフォンでジャーナルを付ける学生もいます。とくに最近では、インスタグラムを利用し、自分だけが見られる留学専用のアカウントを作って記録している人もいます。どんな形でもいいので、毎日気が付いたときに日記を付けることを習慣付けさせるといいと思います。

　ある短期留学プログラムでは、毎日必ずジャーナルを書くことを課し、学生の異文化理解や気付きなどを促進することができました（Katsumata & Nishihara, 2021）。書いたジャーナルをその都度提出してもらい、担当者がコメントするというケースもあるようですが、人数が多いと大変なため、帰国後にまとめて読んでコメントすることで振り返りを行いました。

③　自分を褒める

　留学中に頑張り過ぎて心身を壊すというのはよくあることです。頑張らないといけない、もっと頑張らないと、と思って無理をしたり、期待どおりに行かないと自分を責めたりしてしまいがちですが、そんなときは、頑張った自分を「褒める」ことを学生には意識させてください。

　例えば、アメリカに留学した学生から、試験でパスはしたけれど、思っていたよりも良い結果ではなかったと連絡をもらったことがありました。自分を追い詰め過ぎて、心身とも疲れた様子でした。日本にいた頃から真面目に学業に取り組んでいた学生で、留学後もどれだけ頑張って勉強したか、話を聞きながらその姿が浮かび、「難しい科目を受講して試験にパスするだけでもすごい！」と褒めました。たまには、どれだけ自分が頑張ったかを客観的に見ることが必要です。他者からの一言を聞き入れることで物の見方（perception）が変わります。

　とくに初期は、現地に慣れるために一生懸命になり、あれがまだできていない、これもまだ、と「何をしていないか」ばかりに目が向きがちです。そんなときは反対に、留学に来てから「何をしたか」を、どんな小さなことでもいいので思い出して自分を褒めるよう、学生には伝えてください。

　先に紹介したジャーナルにも、その日自分が頑張ったことを入れさせるとよいでしょう。他にはワークシート「私、頑張ったよ！」（→シート2、

p. 91）を書く方法も勧めてみましょう。例えば、銀行・ATM でお金を下ろすことができるようになった、スーパーでレジの人とおどおどしないで話せるようになった、クラスで発言した、おいしい店を見つけた、レポートで A を取った、など生活や授業のことを何でもいいので書かせるようにします。

筆者が博士課程のときに教授から「何かやり終わった後は自分だけでお祝い（Celebrate yourself）した方がいいよ」と言われました。例えば、課題のレポートを書き終えたら「やった！　終わった」と言ってお気に入りのカフェでゆっくりとコーヒーを飲んだり、きれいな景色を見に少し遠出したりするのもいいでしょう。自分で日々、Celebrate することで区切りをつけ、リセットしてから次に進むようにします。その Celebrate（＝リセット）の方法は人によって違うので、自分に合うものを探すように学生に勧めてください（→ p. 88 も参照）。

3.4　留学中の相談実例

ここでは悩み相談のテーマの中から現地の友達、滞在先、言語、授業についての実例と対処法を紹介します。

3.4.1　現地の友達にまつわる相談

多くの学生が、留学の目的の一つに「現地の友達をつくる」ことを挙げます。しかし、留学して間もなくすると「現地の友達ができません。どうしたらいいですか？」という相談がよく出てきます。ほとんどの場合、友達をすぐにつくらないといけないと焦っていることが多いです。

ケース 1　自分の留学を他人と比べない！

（イギリスへ留学した日本人、20 歳）

今は SNS（交流サイト）を通して留学中友達の様子を知ることができます。友達ががんばっている様子を見て励まされることもありますが、逆に落ち込んでしまう学生も少なくありません。

留学して1カ月ごろ、「○○ちゃんはすでに現地の友達ができていてうらやましいです。私はまだ現地の友達がいなくて……」という相談が来ました。話を聞くと、同じ大学から違う国に留学した友人のSNSを見たら、現地の人たちと一緒に写った楽しそうな写真がアップされていたそうです。自分はまだ現地の友達が1人もいなくて、どうしたらいいのかと落ち込んでいましたが、話をよく聞いてみると本人は他国からの留学生の友達ができていました。そして、その友人の写真について事実関係を確認したか尋ねると、していないという返事でした。

　留学生はオリエンテーションなどで顔を合わす機会が多くあるので、お互いに友達になりやすい環境です。まず、他の国から留学して来ている友達ができたのは素晴らしいことで、日本に戻ってからも各国に友人がいるというのはすてきなこと。焦らなくても現地の友達もできますよ、と伝えました。そのためには、ただ待っているだけではなく、日本文化に興味を持つ学生が集まる日本語の授業のお手伝いをするとか、クラスで話しかけてみるとか、自分でもやってみるように、そして、もし相手に忙しいと言われても気にしないように、とアドバイスしました。

　その後相談者にもすぐに現地の友達ができて、日本に帰国したくないと話すほど楽しい留学生活を送っていました。

　ここで、D.I.E.法を使って相談者の心の動きを見てみましょう。

　　ステップ1：【D：説明】日本の友人が、屋外で、欧米人風の7人と一緒に手に紙を持って笑って写っている写真がある。

　　ステップ2：【I：解釈】広い芝生の上にみんなで座って笑っているので、学校のキャンパスか近くの公園に一緒に遊びに行ったのかもしれない。

　　ステップ3：【E：評価】みんなでワイワイやって楽しそう。もう現地に友達がいて留学生活が順調なんだ。私なんてまだ1人も現地の友達ができていないのに……私何やってるんだろう。

もし、他に違う解釈をしてみることができれば、

【I】非常訓練で授業が中断され屋外に出されて、記念に、授業で決められた課題用のスモールグループで写真を撮ったのかもしれない。

【E】ふつう非常訓練はめんどくさいけど、留学先の非常訓練は緊張しそう。参加者の大学生も大変だな。

という評価もあったかもしれません。【I】に主観、思い込みが強く入ったことで、誤った評価に陥ってしまったことがよく分かります。

　ステップ4として、最後にこの写真について本人から友人に確認をしたところ、留学生のオリエンテーションのときの写真で、一緒に写っているのは他国からの留学生だと言われたそうです。友人も相談者と同様、その頃はまだ現地の友達ができていなかったのです。

　相談者は、写真に写っているのは現地の友達に違いないと勝手に思い込んで、自分の状況と比較をして落ち込みました。いつも学生に言うのは、「本当の話は分からないので、想像で決め付けないように」ということです。どうしても気になってしまうのであれば、留学生活が落ち着くまで、または現地に慣れるまで、留学仲間のSNSを見るのを控えるように伝えます。あるいは、違う解釈をしてみるように促します。

　例えば、あるとき、筆者がアメリカから遊びに来ていた友人を連れて箱根に温泉旅行をしたときのことです。英語で話していた私たちに、英語で話しかけてくる人がいました。20代の台湾人の女性で、春休み中に一人で日本を旅行しているそうです。そして、母親が心配しているので一緒に写真を撮ってもらえますか？と言われ、一緒に写真を撮ったことがあります。このように、目の前にある写真は実際どういう状況で撮られたか分かりません。むやみに他人のSNSの写真を見て、自分と比べたり、自分を追い込んだりしないように、学生には注意します。

3.4.2　滞在先にまつわる相談

　現地で知り合った日本人の友達や寮のルームメートとの問題もよく寄せられます。ここでは三つのケースを紹介します。

ケース2　現地の日本人との付き合い方（アメリカへ留学した日本人、21歳）

　アメリカに留学した女子学生から、現地で知り合った日本の他大学から留学してきた友達のことで相談を受けました。初めはよかったのですが、気付けば毎晩のように相談者の部屋に来ては遅くまで一方的に話して自分の部屋に帰っていくので困っているということでした。相談者の学生も最初は、図書館で勉強したり、用事があると言ったり、居留守を使ったり、寝たふりをしたりして距離を取っていたようですが、だんだんとその対処に悩むようになりました。その結果、相談者は直接話をして、毎晩来られるのは困るとはっきりと伝えたそうです。その後は、相手の留学生も新しい友達ができ、部屋に来ることはほとんどなくなったそうです。

　同じ大学に留学した仲間というのは日本に帰ってからも共通の話ができるので、付かず離れず、上手に付き合えるといいでしょう。また、よく言われることですが、現地の言語を習得したい、現地の友達と仲良くなりたいという場合は、常に日本人と一緒にいるというのは避けたいものです。

ケース3　寮生活での悩み　　　　（アメリカへ留学した日本人、20歳）

　大学によって留学生寮は、さまざまなタイプがあります。またシャワーも各部屋に付いていたり、数人で共有したり、階で共有したりと大学によって違うため、事前に調べておくと安心です。

　相談者の留学生は混合寮の女性階に住んでいました。他の階には男女共有のフロアがありました。シャワーはジムのようにたくさんあり、同じ階で共有することになっていました。混む時間帯には、他の階の人が浴びに来ることがあり、ときどき、男性と洗面所で鉢合わせて驚いたそうです。そんな相談者の女友達（イスラム教徒の留学生）は当初、希望した女性階ではなく、共用フロアに住んでいました。洗面所で男性に髪を見られてしまうことを訴え、女性階に変えてもらったそうですが、女性専用の階でも

誰かのボーイフレンドと洗面所で会ってしまうということで、レジデント・アシスタント（Resident Assistant：RA）に相談し、最終的に女性だけの寮に移ったそうです。アメリカにはこのRAという寮長のような人がいて、寮生活全般やルームメートとの間で何か問題があったら相談することになっています。

　最近では、寮の部屋やルームメートを決めるために、マッチングのためのオンライン・アンケートが実施されるので、その際に正直に希望を伝えるといいと思います。例えば、自分は本当は夜型なのに「夜は早く寝る」と答えて、いざルームメートと生活しだしたら、ルームメートがとても早い時間に就寝するので、生活のリズムが合わずつらかったという学生もいました。

　また、寮にはそれぞれ規則がありますが、留学生同士でシェアハウスやアパートに住む場合も、初めに規則を決めるといいでしょう。よくあるのが、冷蔵庫の食べ物に名前を書く、使った食器は片付ける、お湯に限りがある場合のシャワーの時間のルールなどです。

ケース4　ルームメートの恋人　　（アメリカへ留学した日本人、21歳）

　これは実際の相談内容を基に設定したケーススタディです。ある学生は留学した初めの頃は大学の寮に住んでいましたが、そこで知り合った現地の女友達3人と2ベッドルームのアパートに引っ越すことにしました。1ベッドルームを2人で使い、リビングルームとキッチンは4人で共有します。ある時期から、一人のルームメートの恋人が遊びに来るようになりました。少しずつ滞在する時間が長くなり、夜遅くまで過ごすようになり、遂にリビングのソファに寝て泊まるようになりました。リビングで自由にテレビを見ることもできず、だんだんと5人で住んでいる状態になってきたため電気・ガス・水道代を4人で分けて払っていることも疑問に思い始め、不満が募ってきた、というケースです。

　この学生の場合は、まず、当事者を除く3人のルームメートだけで話をし、それぞれがどう思っているかを確認しました。その結果、3人とも現状を不満に思っていたので、4人で話し合いを持つことにしました。まず

3人は、リビングルームを自由に使用したいので恋人が来てもいい時間帯を決めたいという希望を伝えました。すると、恋人がいるルームメートから、「実は恋人は住むところがなくなってしまい、あと1カ月だけ住まわせてもらいたい。その後自分と恋人はアパートを出ていく」と話がありました。相談の結果、そこから1カ月だけ恋人を住まわせ、当月の家賃と光熱費は5人で分けるということで合意しました。

　その後、残った3人は新しいルームメートを探しましたが、学期中ということもあって見つからず、1ベッドルームに一人で住むことになったルームメートが2人分の家賃を払うことになったそうです。

　このような事態にならないためには、まず入居時にルールがあるかを確認し、ルームメート同士で必要に応じて新たにルールを加えることを勧めます。そして、何か問題が起こったときにどうするかも決めておくとよいでしょう。例えば、定例のルームメート会議の時間をつくる。また、引っ越すときには○週間／カ月前に伝える。急に引っ越すことになり新しい入居者が見つからない場合は1カ月の家賃を払う、などです。

3.4.3　言語にまつわる相談

　留学してすぐに直面するのは言語の問題です。やはり日本で現地の言葉をある程度勉強していくことをお勧めします。そして、現地の人との交流で日常的に使用されている言葉に触れるなかで、次第に慣れてくるでしょう。現地にいても日本人コミュニティから外に出ず、日本語の動画を見て、邦楽を聞いて、という人は、言語習得のチャンスを逃してしまいます。

ケース 5　ホストファミリーでは日本語禁止 !?

（アメリカへ留学した日本人、18歳）

　最近ある学生から話を聞いて、筆者が40年前、留学中に経験した同じようなことが今もあるのかと残念に思ったことがありました。と同時に、今後留学する学生が同じ経験をしないためにも、本書を書きたいという思いがさらに増した出来事です。

　その学生は、ホストファミリーから母語を禁止されたという経験をしま

した。もし日本語を話したら食事抜きにすると言われ、プレッシャーを感じていたそうです。ホストは良かれと思ってやった行為かもしれませんが、どうしても日本語で言ってしまう「痛い！」という言葉にも反応して「食事抜きですよ」と言われ、だんだんと萎縮していったそうです。その学生は半年後にホストファミリーを変えたと言いますが、もっと早く変えていれば、また、声を聞いてあげていれば、と思わずにいられません。

　筆者が 40 年前アメリカに留学したときは土地柄もありますが、英語だけを学ぶことが賞賛されていました。しかし、その後すぐにバイリンガルの流れに変わっていきました。筆者のホストファミリーでは罰を与えるとは言われませんでしたが、初めの頃に、日本語で話しては駄目、日本語の本や雑誌を読んでは駄目、留学仲間の日本人から電話がかかってきたら自分は英語で答えるように、と言われました。教師だったホストマザーとホストファーザーは筆者のことを思って言ってくれたことだと思いますが、過大なプレッシャーでした。なかなか英語ができない様子を見て、ホストの両親はすぐに諦めて、日本語を使うことについてそれ以後は言わなくなりました。

　言語習得は留学する中で大切ですが、やり過ぎや、誤った方法と知らずに押し付けられるのは留学生にとってつらいことです。このような問題が起こらないようにするためにできることとして、ホストファミリーへのトレーニングの実施があります。オーストラリアにある留学団体では、受け入れ学生の国別にホストファミリーに対するトレーニングを行っています。あとは、留学生が母語で自由に話せて、困っていることを気軽に言える環境を、送り出した側がつくることも大切です。

3.4.4　授業にまつわる相談

　留学して数日後から授業が始まると、日本で受けていた授業との違いに気付きます。よくある相談が欧米に留学した学生からリーディングの多さについてです。ここで一つのケースを紹介します。

ケース 6　授業で発言できない……　（アメリカへ留学した日本人、19歳）

　この学生は、課題のリーディングを読んでいて睡眠時間が十分取れてないと相談してきました。英語自体の分量が多いことに戸惑い、そもそもどうやって読んだらいいのか分からないと言います。また、授業では読んできたことについて話すため、内容への理解不足に加えて、人前でしかもネーティブスピーカーの前で英語を話すということに抵抗を感じ、まったく話せないという悩みでした。その学生は課題に対して、分からない言葉を一語一句調べてノートに書き、その単語を使った例文を自分で作るという作業をしていました。日本で英語を学んだ中学生のときのやり方だそうです。それでは一晩で読み終わるはずもありません。

　この学生に対して行ったアドバイスを、授業の課題として出るリーディングの読み方の一例として紹介します。リーディングの方法は人それぞれなので、参考にしてもらえればと思います。

　例えばある章を読む課題ならば、まずタイトルを読む、アブストラクト（要旨）があれば読む、そして、小見出しを読んで大まかな流れを把握します。次に、とくに初めと終わりの段落を読んで趣旨を理解します。その後に、1回、小さな言葉の意味を考えずにザーッと通して読みます。2回目は、分からない単語に〇印を付けて読みます。3回目は、この単語が分からないとどうしても理解できないという言葉だけ辞書で調べます。リーディングの目的は、だいたいの内容が分かり、授業で意見が言えるようにすることだと思います。発言しないと点がもらえない、または授業を受けたと認められないというクラスならばなおさら、発言内容を事前に準備することに注力しましょう。例えば、リーディングを通して分からなかったことを質問する、コメント、感想を伝えるだけで十分なのです。

　もう一つの秘策として、クラスメートが発言した後、自分も同感であると発声し、「なぜならば……」と理由を付け足すようにすれば、発言しやすくなります。

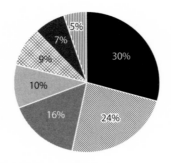

■日本に留学している学生　※日本の友人
■母国にいる友人　■大学の国際センター
◇大学の先生　■留学生をサポートする学生ヘルパー
‖その他

図 3-1　留学中に問題を対処するのに誰が助けてくれたか／助けてくれると思うか

3.5　留学を成功させるために

3.5.1　現地の友達をつくる

　留学から帰国した学生のうち、自らの留学を「成功だった」と評価する人にその理由を聞くと、「現地の友達のおかげ」と答える学生がほとんどです。現地の友達というのは、現地の学生や日本人の留学生、他国からの留学生を含みます。日本に留学している学生を対象にした調査でも（図3-1 参照）日本に留学している学生たちや日本人の友達が助けてくれた、または助けてくれると思うという人が過半数を占めています[注5]。日常生活について教えてもらったり、問題があったときに助けてくれたりする心強い存在です。

　オーストラリアに留学した学生（21 歳）は、現地での車の運転は大学から禁止されていたため、仲良くなった現地の友達の車でよく出かけたそ

注5　2021 年卒業生、青山学院大学国際政治経済学部国際コミュニケーション学科 4 年、Lau Yi Ling・Dang Thuy Duong・Wang Lin による「Foreign Students' Adjustment to Japanese Universities: Issues and Program」。

うです。いつも車に乗せてもらうのでガソリン代をときどき払ったと話していました。アメリカに留学した学生たちからは、休暇中は寮が閉まるため、友達同士で旅行したり、現地の友達の実家にお世話になったり、知り合いの家に遊びに行ったりしたという話を聞きました。

では、どうすれば留学先で友達をつくることができるでしょうか。まずは、大学が主催する留学生イベントに積極的に参加するように勧めるといいでしょう。留学生と現地の学生がコーヒーを飲みながら交流できるような会で、他国からの留学生と仲良くなったり、日本語を習っている現地学生のランゲージパートナーになったり、恋人ができたりということはよくあります。他にも、ルームメートや同じ寮の学生と親しくなったり、ボランティア活動を通じて仲間をつくったりと、現地の友達が増えていくにつれ、留学生活はより豊かなものになることを学生には伝えます。

留学生をサポートする側としては、留学生をサポートしたい、将来自分も留学をしたいと思っている現地の学生と、留学生を一緒に集めて異文化トレーニングを行うといいでしょう。また、寮などの行事も工夫できます。例えば、日本のお花見を体験しようと、桜の木（または他の花の木）の下で食事をするなど、現地の文化に加え、留学生の国の文化を紹介できる機会があるといいと思います。

また、定期的に同じメンバーが集うようなイベントを企画することもポイントだと思います。1回限りのイベントでは、その場で話はしますが、学生たちが望んでいるような、プライベートでも会う友達にまではならない、という声が多いからです。

3.5.2　情報を常にアップデートする

インターネットなどで留学先について調べる際、なるべく最新の情報を得ることがとても重要です。例えば治安上、街の中の危険な地域や時間帯などを把握することです。大学によっては、留学生オリエンテーションなどで、安全面について説明があります。キャンパスポリスやセキュリティーの係の人が説明してくれることもあります。アメリカの大学では図書館が24時間、または深夜まで開いているので、夜中に帰宅する際には、

車まで、またはキャンパス内の寮までセキュリティーの人がエスコートしてくれるサービスもあります。また、「暗くなったら危ない」と言いますが、国によって日没の時間が違うため、何時に暗くなるのかを正確に把握しましょう。

　学生からは「同じ大学に留学していた先輩から大学の情報や街の情報を事前に教えてもらえてよかった」「数年前に留学していた先輩から話を聞いたけど、少し変わった所があって、それを知るのも楽しかった」などという感想が出ています。ときどき、「今、留学している先輩に話を聞きたいけど知らない」「前に留学して、すでに日本にいる先輩に話を聞きたいけど、知っている人がいない」と言う人がいますが、学生には現地の先輩や同じ大学に留学していた先輩を紹介してもらうようにと伝えていますし、帰国後は後輩に情報を伝えることを勧めています。どんなネットの情報も、現地で実際に生活している人のそれにはかないません。

3.5.3　キャンパスライフ

　日本から事前に履修登録して留学する場合もありますが、現地で到着してすぐに履修登録する人もいると思います。留学生は履修できない科目があったり、必須な基礎科目もあり、すんなり履修できる科目が限られています。そんな中履修登録するわけですが、いつも伝えるのは、行ったばかりの学期はなるべく無理をせずに「単位が取れる科目」を履修するようにということです。よく、初めからやる気を出して課題の多い難しい授業を履修し、大変な思いをする学生がいますが、そういった履修は留学先の生活に慣れた後半の学期にするように伝えています。例えば4科目履修できるならば、4科目を全てチャレンジングな科目にしないで、1〜2クラスは単位が取れるものにしましょう。シラバスや教員のレクチャーから課題やレポート、そしてリーディングの量を確認し、単位が取れそうか判断するといいと思います。さらに、協定校の交換留学の場合は、帰国後に日本の大学で単位が認められることがあるので、留学前に該当するクラスを確認しておく方がいいでしょう。

　すこし余談になりますが、アメリカの場合は授業では前の方に座ること

を勧めています。教室の前方に座る学生は熱心で、後方はそうでもないという暗黙のルールがあり、座席は前方から埋まっていきます。日本とは大きく違うということを知っておきましょう。留学していた先輩に話を聞くとそんな話も出てきます。

履修する科目が決まり、授業が始まったら、リーディングの課題を早く読む方法や、読んできたことに対して次の授業で意見をまとめて発言できるように質問などを準備しておくこと、授業には積極的に参加するようにすることなども促すといいでしょう（→ p. 84 も参照）。

☝ オフィスアワー（Office hour）

もし留学先に先生方のオフィスアワーがあれば活用するのがお勧めです。この話をすると、多くの学生たちが授業で分からなかったことを質問しに行くようですが、急に行かず、事前に予約をメールで取らないといけない場合もあるので気を付けるように伝えてください。日本では、授業後に比較的自由に先生に質問することができますが、留学先ではどのようなスタイルなのかをあらかじめ調べておきましょう。

☝ チューターリングセンター（Tutoring center）／ラーニングセンター（Learning center）／ライティングセンター（Writing center）

大学によっては無料でチューターリングセンター／ラーニングセンター、ライティングセンターなどの施設を利用できます。チューターリングセンター／ラーニングセンターと呼ばれる施設は、専門の職員が勉強の仕方を教えてくれたり、学業の手助けをしてくれたりするところです。ただし、一部の科目しかサポートがない場合があります。ライティングセンターではレポートの書き方を教えてくれます。

☝ スタディグループ（Study group）

授業にもよりますが、試験前に先生が「ここから試験に出ます」という資料をくれます。それを基に、クラスメート数人が自発的に集まって復習し、試験勉強をするグループです。任意メンバーの集まりのため、参加を

断られる場合もあります。普段から話をするなど、クラスメートとの関係性を良くしておくといいでしょう。

☝ キャリアサービス（Career services）

　現地の就職に関する情報が得られるだけでなく、大学によってはCV（curriculum vitae：カリキュラムビタエ）つまり、英文の履歴書の作成の仕方を教えてくれたりもします。

3.5.4　気持ちをリセットする方法を知る

　留学中の学生から「せっかく海外にいるんだから、ホームシックになっても我慢しないといけないと思って……」という声を聞きますが、異文化でストレスを感じたら、ただ耐えるのではなく、和らげることが大切です。
　次に、留学中の相談を基に、日本が恋しくなったときの対処法を紹介します。

【ビデオ通話】

　留学して1カ月〜3カ月は、家族や友人と離れ、誰も知らない異国の土地で孤独を感じたり、頑張り過ぎて体調を崩したりという話をよく聞きます。現地の食事が合わない、飽きてしまって日本食が恋しいという相談が増えるのもこの頃です。また、少し慣れても、クリスマスなど家族や友人と一緒に過ごす時間が増える12月ごろになると、やはり孤独感を感じるようです。最近は、無料でビデオ通話ができるなど、テクノロジーのおかげで頻繁に家族の声が聞けて、顔も見ることができるようになりました。学生も家族も安心できる形で留学生活を送ってもらいたいと思います。

【日本食を食べる】

　アメリカの大学で教えていたときに、授業のサポートに入ってくれた大学院生で日本からの留学生がいました。その院生は学部から留学をしており、多くの留学生同様に生活費を切り詰めて暮らしていました。そんな彼女を連れ出してよく日本食を食べに行きました。「気持ちがこんなに変わ

るなんて知りませんでした。節約しないといけない、現地になじんで頑張らないといけないと思って、いっぱいいっぱいでした」と驚いていました。短期留学の場合は、日本が恋しいと落ち込んでいる時間がもったいないので、すぐに日本食屋に行かせます。日本食がなければ、中華料理のチャーハンなどを食べるのもお勧めです。食事が取れて元気になり、また頑張れるという学生は多いです。

【プロの心理カウンセラーに行く】

　中には、精神的に深刻な変調をきたすケースもあります。例えば、日本に留学しているアジア圏からの学生が落ち込んでいるのを見た同じ国から留学している友人が、心理カウンセラーに行くことを勧めて良くなったことがありました。自分自身でリセットを試みても改善しない場合は、大学のカウンセラーなど専門家に見てもらうことも方法の一つであることを学生には伝えてください。

3.5.5　これからの自分について考える

　留学すると同時に、将来のことについて考える学生はとても多いです。そこで留学中に次の二つのワークシートに記入しておくと、その後役に立つでしょう。

短期と長期のアカデミック目標

　学期の初めに、各授業のこと、帰国後や卒業後に関する、短期目標と長期目標（→シート3、p. 92）を書いてみましょう。目標は途中で変わっても構いません。その場合は、前の目標に取り消し線を引き、新しい目標を書きましょう。その経緯もワークシートに残しておくことで、自分で比較できますし、前の目標に戻った場合にも分かりやすいです。

「なりたい自分」リスト

　よく将来の夢がまだ決まっていない、どんな仕事がしたいか分からない、興味あるものが変わる、という声を聞きます。そんなときにお勧めする

のが、リストにして書き出していくという方法です（→シート 4、p. 94）。例えば、学生からよくあるのは、ある授業を履修してこれを自分の専門にしようと考えていたのに、他の授業も履修してみたら面白いと思えて、何にでも興味があってどれを仕事にしたらいいのか分からない、という相談です。一つに絞る必要はなく、まずは思い付いたら書き出していくといいと思います。携帯などにメモするのもお勧めですが、紙の方がその過程まで残せるという点において意味があります。ときどき見直して、もう興味がないと思ったら取り消し線を引くといいでしょう。

　ある学生は、いろいろとリストアップしたけれど、最終的には一番最初に書いたことに戻ったと話してくれました。興味あることや挑戦したいことはまずやってみて、やっぱり自分には向かないと思ったら消せばいいのです。頭であれこれ考えるのではなく、実際に行動することによって、はじめて自分が好きか、嫌いか、簡単にできるか、できないかが分かると思います。

　得意なことでは、こんなエピソードがあります。英語の発表が好きではなかった学生が、ある授業でどうしても発表をしなくてはならず、練習して、緊張しながら臨んだ発表が自分で想像していなかったほどうまくいったそうです。すると、先生やクラスメートから「なんでそんなに発表がうまいの、今まで隠してたでしょ？」と言われて驚きましたが、そのことをきっかけに、英語の発表が得意なことリストに入ったそうです。このように、好きではなくても得意なものになることもあると学生には知っておいてもらいたいと思います。

　留学を通して、将来やりたい仕事が変わったという学生も少なくありません。新しい文化の中でさまざまな体験をし、刺激を受け、人との出会いがある留学という機会は、自分の生き方について考える時間でもあります。

（シート 2）

「私、頑張ったよ！」

自分がよくやった、できた、頑張った、と思うことを気が付いたら書いて
みましょう。

【例】
1. 銀行・ATM でお金を下ろすことができるようになった。（8 月 30 日）
2. スーパーでレジの人とおどおどしないで話せるようになった。（9 月 3 日）
3. クラスで発言した。（9 月 15 日）
4. おいしい店を見つけた。（10 月 1 日）
5. レポートで A を取った。（10 月 15 日）

1.
2.
3.
4.
5.
6
7.
8.
9.
10.
11.
12.
13.
14.
15.
16.
17.
18.
19.
20.

短期と長期のアカデミック目標

今学期のアカデミックの目標：
【例】 ● ○○の授業で分からないことがあれば授業中やオフィスアワーで教授に質問する ● 授業で必ず1回は発言してみる
来学期、1年後、または卒業後の目標：
【例】 ● 来学期は上級クラスの授業を履修する ● 帰国したら TOEIC の試験を受けて○○○点を目指す

西暦	年齢	目標

（シート4）

「なりたい自分」リスト

好きなこと、興味があること、挑戦してみたいこと、得意なことを書いてみましょう。

【例】

好きなこと	興味があること	挑戦してみたいこと	得意なこと
留学生と話すのが好き	スペイン語を話したい 国際法に興味がある	家を建てるボランティア活動	発表

好きなこと	興味があること	挑戦してみたいこと	得意なこと

Column 3　サポートする側のトレーニングの重要性

　留学する学生のトレーニングはもちろん重要ですが、留学生をサポートする側の現地人ヘルパーのトレーニングも欠かせません。とくに学生がボランティアとして留学生をサポートする場合は、事前にトレーニングを行い、途中で確認し、終わったらフィードバックを確認するなどして次に生かすことが大切です。

　留学生側からも学生ヘルパーにどういうときに連絡をしたらいいのか、どう交流したらよいかなどが分からない、という声を聞きます。サポートする側が事前に説明すること、途中で状況を確認することを必ず行ってください。

　アジア圏から日本に来た留学生から聞いた話で、こんなことがありました。まだ大学に入ったばかりのときに日本人の学生ヘルパーが付いたそうです。とても優しい学生だったようで、「何でも質問してね、いつでも連絡して」と言ってもらいましたが、まだ日本語に自信がなく、連絡する語彙があるか不安で、結局一度も連絡できなかったそうです。また、「楽に単位が取れる」という授業を学生ヘルパーが教えてくれたので履修したそうですが、「現地の学生にとって簡単というのと、留学生にとっての簡単な授業は違った」ということでした。例えば、授業によっては毎回コメントを最後に書いて提出することが課されていましたが、留学生たちにとって短時間で日本語で文章を書くことはとても難しく、それならば時間をかけて勉強して試験を受ける授業の方がよかったそうです。

　このような視点も、学生ヘルパーが身に付けられるようにトレーニングを行う必要があるでしょう。

第4章 帰国後トレーニングの目的と方法

　「再入国カルチャーショック」という現象が、異文化研究者の間で注目されています（Martin & Harrell, 1996, 2004; Sussman, 1986）。再入国カルチャーショックとは、母国のかつて慣れ親しんだ家庭や環境と新しい自分のアイデンティティを調整することです。留学から得た自分の新しいアイデンティティを調整するということは、自分自身のアイデンティティの変化（末田、2012）と、それに伴う家族や友人の変化という二つの予期せぬことが関係します。そのため、留学で海外へ行ったとき（→ p. 51 参照）よりもストレスがかかり、衝撃を受けることがあります（Ting-Toomey & Chung, 2012）。とくに海外に長い期間滞在した後は、再入国カルチャーショックは避けることができません。そのため、留学後トレーニング（Post study abroad training）と帰国後のサポートは必須です。

4.1　帰国後の問題点

　留学体験は学生一人一人異なります。そして、留学中の経験によって、どんな思いで帰ってくるかも学生によりさまざまです。

　ある学生は現地で「意見を言わないんだね」と言われたことがショックで、帰国後も英語で意見を言うのをためらっていました。また似たような体験で、日本語アクセントの英語をまねされて、英語が話せなくなった、と相談してきた学生もいました。その学生は寮の友達に相談したところ「まねをするのはやめてと言わないからだよ。いつも君が笑ってるから、マイケル（仮名）は嫌がっているとはっきり言わないと分からないんだよ」と指摘されたそうです。でも何と言ったらいいか分からないと伝えると、寮の友人たちが集まって、紙に言うことを書いて、練習まで付き合っ

てくれ、翌日マイケルにそれを言ったところ、とても驚いて「そんなふう
に思っているとは知らなった、ごめん」と謝られたそうです。それがきっ
かけでマイケルと仲良くなれ、寮の友達も増えたといいます。

　また、ある学生は1年間アメリカのホストファミリー宅に滞在し、学校
や街にはアジア人がほとんどおらず、留学中、ほとんどアジア人に会うこ
となく生活した結果、帰国して成田空港に迎えに来ていた母親の顔を見た
ときに、母の顔が平らに見えて、まるでおせんべいのようだと衝撃を受け
たそうです。自分も母親と同じような顔をしているのに、母親に「どうし
たの、その顔？」と真面目に聞いたそうです。もちろん母の顔は変わって
いません。再入国カルチャーショックの始まりでした。その裏では、母親
をはじめ、家族や友人たちは留学中にすっかり太った学生を見て1年前と
変わってしまったことにショックを受けていたそうです。

4.1.1　再入国カルチャーショックとは

　再入国カルチャーショックに影響を与える要素はさまざまありますが
(Chang, 2009; Osland, 1995 ; Ting-Toomey & Chung, 2012)、大きく分けると、
A) 留学した学生と家族や友人との関係の変化が関わる要素、B) 母国の文
化・社会に再び入るための準備、の二つの要素があります。

A) 自分と家族や友人との関係の変化の度合い

①留学した学生のアイデンティティの変化が家族に与える影響

　留学を終えて学生が帰国すると、留学先で新たに習得した価値観
(values)、知識 (knowledges)、行動 (behaviors)、役割（role statuses）、もの
(物) の見方 (perceptions) などが、かつて慣れ親しんだ環境に調和しな
いという状況に悩みます。家族もそれを知っておくことが重要です。

　例えば、男性が台所にあまり立たないという家庭環境から留学した女子
学生が、ホストファミリーの家では、父親が朝食を作り、母親にコーヒー
まで持っていく姿を見て、留学した頃はとても驚いていました。そして、
帰国して家に戻ると、なぜ女性だから、末っ子だからと父親と兄のために
自分が台所に立たないといけないのかと反発を覚えるようになり、家族と

の間でけんかが絶えないと相談に来ました。

　このように多くの場合、自分が留学前と変わったことに学生自身は気が付いていますが、家族や親の方が理解していないことがあり、親は「わが子がすっかり変わってしまった」「留学なんてさせるんじゃなかった」と思ったり、家族が「何を言っているのか分からない」と戸惑ったりすることがあります。そうならないためにも、留学した学生だけでなく、家族にも再入国カルチャーショックの影響を受けるということを認識してもらうことが肝心です。

　この留学生にはアドバイスとして、怒って反発するのではなく、自分が留学先で見てきたこと、体験したことを家族に冷静に話し、説明をすることを勧めました。また、家庭によって、受容される条件は異なるので、新しく学んだことが通用する環境なのか、そうでないのかを理解し、自分なりに妥協点を見つけるようにアドバイスをしました。親も自分が正しいと思ってきた価値観を覆されるのですから、けんか腰に言われても困惑します。結果として、その学生は、家族と落ち着いて話し、もし自分のために兄や父がお茶を入れてくれるとうれしいし、自分も忙しくて入れられないときがあるかもしれないと正直に話し、互いに妥協点を見つけたそうです。

②家族や友人に以前のような関係を求め過ぎない

　長期間、家族や友人と離れて過ごすと、関係性に変化が生じることがあります。以前のように、またはそれ以上に家族と友人との親密な関係を期待して帰国すると、自分が不在の間に家族や友人にも変化があり、それがかなわないことに絶望してしまうかもしれません。その反対に、学生自身の価値観が変わってしまい、家族や友人はこれまで通りの関係を求めてきて困るということもあります。

③家族や友人が留学の話を聞いてくれると期待しない

　留学した直後は、体験したことをあれこれ話したくなります。家族も友人も帰国して間もない頃は聞いてくれますが、それがいつまでも続くことはありません。「また留学の話か……」と言われることもあるので、過度

の期待はしないことです。

B) 母国の文化・社会に再び入るための準備
④母国の理想的なイメージをつくり上げない
　留学中は母国から離れていることで、母国の人や物を懐かしく思い出したり、寂しく思ったりすることがあります。自分の文化の良い面を思い出し、悪い面を忘れる傾向があるため、知らず知らず自分の中で理想的なイメージをつくり上げてしまいます。すると帰国した際に、現実に直面して強い衝撃を受けることがあります。

⑤母国の文化に順応し、社会的文化的に期待されている役割を果たす
　留学生の多くが新しい価値観を身に付けて帰国しますが、それが母国の文化や社会で期待されているものと異なる場合、順応することが難しいと感じます。

⑥母国の文化の変化の有無
　留学先と母国を比較して、古いシステムや制度（文化・政治なども含む）のままで発展していないように見えたり、またその逆に、留学している間に母国のシステムや制度に大きな変化があり過ぎることで、混乱したり戸惑ったりします。

　上記で記したようなさまざまな不安な気持ちがあっても、留学相談に来ずに、一人で悩む学生も多くいます。時間がたってから、「帰国したときは本当につらかったです」と聞き、なぜその時に相談に来なかったか尋ねると、「いや、なんとなく……。自分でもどうしたのかと思うくらい、やばかったです」との返答でした。
　帰国して間もなくは、留学相談に来る多くの学生が「（留学が楽しくて）日本に帰ってきたくなかったです、留学先に戻りたいです」「希望する就職先が変わりました」「海外の大学院へ行きたいです」というような話を

しに来ます。学生は、留学先で一人で頑張るので、独立心が芽生えます。それは望ましい成長の一つですが、そのせいで帰国後に家族から細かくいろいろと注意されるのが嫌になり、家族からすると、学生が留学によって変わってしまったのでに"日本的"になるように戻そうと、ついつい口うるさくなったりして、ささいなけんかが絶えなくなります。

　帰国後、留学した学生は再入国カルチャーショックを経験しながら、早く日本の生活に戻ろうと本人自身も努力しています。家族が再入国カルチャーショックについて知らないケースでは、事前に学生から家族に再入国カルチャーショックについて説明をすれば互いに理解できます。それと同時に、学生にも自分の力だけで留学したのだと思わずに、いろいろな人のおかげで留学できたのだという気持ちを忘れないことも大切であることを伝えます。

4.1.2　帰国後の再社会化のプロセス

　再社会化（resocialization）は、社会的価値観、信念、規範の感覚が再設計されることで、人によってそのプロセスはさまざまです。相談に来る学生でひどい再入国カルチャーショックを受けている場合「すぐに戻りたい」と言いますが、話をじっくり聞き「もう少し様子を見たらどうか」「同じ所に留学していた仲間と連絡を取ってみたら」と促します。また、これから留学する、または留学を希望している学生たちに、自分の留学体験を話すことも良い方法です。自身の体験を後輩に伝えた学生たちは、留学という経験を改めて振り返ることができ、アドバイスしたことがとても自分のためになったとコメントしています。

　このように帰国後は、留学に行く前と同じくらい、またはそれ以上に帰国した学生をケアすることが大切です。「いつの間にか帰国していた」ではなく、帰国後のトレーニングまでが留学プログラムの一部なのです。

　異文化のワークショップやトレーニングでアクティビティを参加者に体験してもらったときは、必ず全員に振り返りをしてもらい、思ったことを話してもらいます（八代他、2009）。異文化トレーニングの観点から、「留学」という壮大な異文化体験のアクティビティの応用編を体験した学生に

は、時間をかけて振り返りを行うことが重要です。帰国後は、学生の気持ちを話してもらい、頑張ってきたことを含め、留学体験をしっかりと丁寧に聞きます。1年以上の長期留学であれば、一度に全ての留学体験を話すことは不可能ですから、帰国したら、1カ月後、3カ後、6カ月後、1年後にグループで自由に留学体験を話す時間を取るといいでしょう。

　同じ大学に留学したとしても、人によって違う留学体験をするように、帰国後の再入国カルチャーショックも人それぞれ異なります。すんなりと母国の社会に溶け込む学生もいれば、そうでない学生もいます。相談に来る学生の中には、再入国カルチャーショックを知らず、説明をするだけで納得して落ち着くこともあります。すでに再入国カルチャーショックの理論を学んだ学生でも、自分がそうとは気が付かないことがあり、再び説明をすると、自分の悩みや不安は再入国カルチャーショックだったと分かって安心するようです。また、再社会化のプロセスのスピードも、学生によって違います。重要なのは、留学前とまったく同じに戻れるわけではないということを理解させることです。

4.2　帰国後研修を受けた学生の感想・エピソード

　ここでイギリスから日本に留学してきた学生の体験を紹介します。この学生は帰国する前に、カルチャーショックと再入国カルチャーショックについて学び、「私は再入国カルチャーショックを経験しない自信があります！」と宣言していました。母国に帰国したらぜひ状況を教えてもらいたいとお願いすると、数カ月後に以下のメールをもらいました。

　【日本へ留学したイギリス人、24歳】
　　日本では、たくさんの良い思い出と、素晴らしい経験に満ちた1年を過ごしました。イギリスに帰国してすぐは、とくに何も変わりはありませんでした。しかし、一人で街を散歩していたときに、とても重要なことが頭をよぎりました。「再入国カルチャーショック」です。授業で初めてこの話を聞いたときはあまり関心がありませんでした。

しかし、今は、イギリス文化の何もかもが間違っているような気がします。友人たちは、私がこの国の悪い点を指摘し続けていることに少し腹を立てているようです。私にとっての再入国カルチャーショックは、日本に留学したときよりもはるかにハードだと言ってもいいでしょう。

帰国する前に先生が「どうやって再入国カルチャーショックに対処したかメッセージを送ってください」と言っていたのを覚えています。実際のところ、再入国カルチャーショックから抜け出すことはできていません。もし私の現状について何かアドバイスがあれば、教えてください。よろしくお願いします。

今後、海外に行く学生と話す機会があったら、それ［筆者注：再入国カルチャーショック］を過小評価しないように伝えてください。

この学生は、日本に留学する以前に、欧州の別の国に留学した経験があったそうですが、そのときは再入国カルチャーショックを経験しなかったそうです。その経験を基に、今回も日本からイギリスに帰国しても、再入国カルチャーショックを受けないと思っていたようです。しかし、欧州の国に留学するのと、アジアの日本に留学するのとでは文化がかなり違います。文化が異なるほどカルチャーショックは大きくなります。

この学生へのアドバイスとしては、これから日本に留学する学生に自分の留学生活やカルチャーショックの体験を話すことを勧めました。そして、同じく日本に留学していた学生と話すといいと伝えました。その後、彼は小学校で日本文化を紹介する機会などを見つけて積極的に日本での留学体験を周囲に話し、彼の話を聞いて多くのイギリスからの留学生がやって来ました。

小学校での紹介では日本での体験を振り返ることができただけでなく、子どもたちに興味を持ってもらえたのがとてもうれしかったそうです。そして、しばらくして就職した会社は、また別の国でした。

【アメリカへ留学した日本人、20歳】

　留学に行く前から、再入国カルチャーショックがあることは知っていたので、ある程度心の準備はできていたつもりでしたが、帰国後はやはりアメリカと日本の授業の制度の違い（授業の濃密さや先生との距離、周りの学生の熱心度など）に落胆し、しばらくは本気で海外の大学に3年から編入することを検討しました。最終的には、卒業まで日本に残ることにしました。

　帰国後は、定期的に留学に行った人同士で集まり、帰国後の悩み、進路の悩みなどを正直に話し合える場や、メンター的な先輩留学生や留学体験からくる悩みに理解のある先生との個人や少人数面談の機会などが設けられるとよいのかなとは思いました。私はたまたま周りで同じような留学経験をした友人が多く、メンター的存在の先生にも恵まれましたが、そうでなかったら帰国後不満や不安を共有し合うこともできず、とても孤独を感じ悩んだと思います。

　私の場合、帰国直後から自身の留学体験を新入生や高校生に向けてプレゼンする機会があったことも幸運でした。学校のHPにインタビュー記事が載ったり、留学支援・国際交流のサークルに入ったり、ボランティアで日本語を留学生に教えるリーダーになったりと活動する中で、今度は自分が留学を促し、留学生をサポートする立場に回りました。自身の経験を生かし、誰かのためになる活動ができたことは、留学が楽しかった以上にやりがいがあり、本当に良かったです。自分が留学を経験してあったらよかったと思ったサポートを、留学生、または留学希望者に今度は与える立場になるとさらに学びがあるということをもっと多くの人に知ってもらい、帰国後はすぐ就活で忙しいのは承知の上で、少しでもそのような循環ができたらよいと思います。

　この学生のように、帰国後に自身の体験を伝えながら自分が支援する側に回るのは、とても良いことです。留学で頑張ったことを再認識することができる機会ですし、周りからも理解されることで留学体験が生かされ、再社会化の手助けとなります。

🖐 再入国カルチャーショックへの対応策

　帰国後のトレーニングでは、再入国カルチャーショックについて、まずは心理的、環境的な問題に直面することを理解し、変化に対して「認識」することが推奨されています。以下は研究者たち (Pusch & Loewenthall, 1988; Sussman, 1986; Ting-Toomey & Chung, 2012) が推奨している点と、これまでの留学相談を基にまとめた対応策です。

1) まずは再入国カルチャーショックの際に心理的な負担があることを理解する
2) 帰国準備として、起こり得る困難を予測し、自分なりの対処法や戦略を練る
3) 帰国後はゆっくり休む
4) 留学中のジャーナルなどを読み返し、現地での体験を振り返り、海外で得たものを認識する
5) 帰国後のトレーニングとサポートを受ける

4.3　アンラーニングの重要性

　留学した際は、現地の新しい文化を学び、溶け込もうとします、それが異文化適応（コンピテンス）です。新しい文化、言語、コミュニケーションスタイル、価値観などを学びます。そして、帰国後は、留学先で一生懸命学んだことと母国を比較し、母国の文化、言語、コミュニケーションスタイル、価値観などを認識することができるようになります。新しい文化を学ぶことで、自文化に気付くことができるのです。しかし、留学中に学んだことを中心に考え過ぎると、自文化がおかしいと感じたり、戸惑ったり、社会にうまくなじめなくなったりします。そこで、自分の変化を受容することが大切になります。これがアンラーニングです。

🖐 ベストなコミュニケーションスタイルで話す

　異文化コミュニケーションができる人、またはバイカルチャーといわれ

る人は、その場の状況や相手によってコミュニケーションスタイルを自由に変えることができる人です。

　よく学生から「せっかく留学したのに、留学経験から学んだことを黙っておいた方がいいのですか」「留学した経験を持つ自分を抑え込んだ方がいいですか」と相談されます。帰国子女の中にも海外にいたことを隠すという人がいますが、日本のステレオタイプ（画一性）がそうさせるのだと思います。

　図4-1のように、留学では、いままでの自分の文化（濃いグレーの○）に、留学先で学んだ新しい文化（淡いグレーの□）が足されます。自分の文化という中には、文化、言語・非言語、コミュニケーションスタイル、価値観、信念、行動などが含まれています。留学先の文化と自分の文化には共通点（重なりの箇所）もあります。このように、留学経験によって自分が成長した、または引き出しが増えたということだと学生に説明しています。

　図4-1を基に自分の変化のプロセスを考えると、学生が帰国すると、自分の文化（濃いグレーの○）に戻ります。しかし、学生は新しい文化（淡いグレーの□）を留学先で学んできたので、自分の文化（濃いグレーの○）を客観的に見ることができるようになっています。そして、自分の文化（濃いグレーの○）にいても、新しい文化（淡いグレーの□）のままで通そうとします。そして、なぜ、新しい文化（淡いグレーの□）の価値観が駄目なのかと疑問に思ったり、留学先で通用したコミュニケーションスタイルを、自分の文化で貫こうとしたりします。それでは、周囲と交流やコミュニケーションを取ることができなくなり、再社会化がうまくいきません。

　コミュニケーションをうまく取るとは、話す相手とベストな方法でコミュニケーションを取ることです。例えば、日本人同士で、日本語で話すのがベストな方法ならば、日本語で話すでしょう。また、日本人がアメリカ人と話すとき、相手が日本語が話せないと分かれば英語で、非言語コミュニケーションも交えて、ベストを尽くして話すでしょう。しかしこれが反対に、アメリカ人が、言葉は日本語ではあっても、アメリカ人と話す

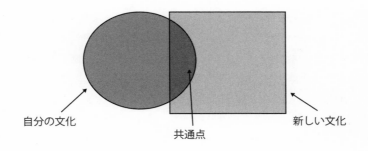

自分の文化　　　　　　　　　　　　共通点　　　　　　　　新しい文化

図4-1　自分の文化と留学で学んだ新しい文化

ときのスタイルでコミュニケーションを取ろうとした場合、どうでしょうか？　同じ日本語を使用しても伝わらなくなります。

　留学によって新しい文化を学び、コミュニケーションの引き出しが増えたわけですから、コミュニケーションスタイルを切り替える方法を身に付ける努力が必要になります。

　留学先では、一生懸命学んだ言語とそのコミュニケーションスタイルを駆使して、現地でコミュニケーションを取っていたと思います。その新たに学んだコミュニケーションスキルを持ちつつも、帰国してからは、日本人と会話するときはどうしたらベストかと客観的に自分を見ることも必要です。初めのうちは、「意見をハッキリ言ってほしい」「もどかしい」と感じるかもしれませんが、それは自分のコミュニケーションスタイルのバリエーション（引き出し）が増えたという喜ばしいことだと思うように伝えてください。

　ちなみに、バイリンガルでバイカルチャーの人同士が話す場合は面白いコミュニケーションが見られます。例えば、アメリカ人と日本人で、二人とも英語と日本語が堪能で、いずれの文化もよく知っていると、言語とスタイルの選択が可能です。ある日、アメリカ人が「今日は疲れているから、英語でアメリカ的に話してもいい？」と尋ねると、二人は言語を英語に切り替え、コミュニケーションスタイルもアメリカ風に変えて話していまし

た。

　失敗する例としては、相手のコミュニケーションスタイルをよく知ろうとせずに、自分なりのコミュニケーションスタイルを貫く場合で、会話がうまくいきません。もし、間違っていれば修正をすればいいのですが、それもしないで会話を続ける人がいます。また、自分の限られた経験を基に誤った判断をし、相手を決め付けて、こういうコミュニケーションだろうと思い込んで話すことも危険です。ステレオタイプにならないように、相手がどういうコミュニケーションを取るのかしっかりと判断することが大切で、コミュニケーションスタイルのバリエーションを多く持っていればいるほど、ベストな判断ができるでしょう。

4.4　帰国後の言語の維持と向上

　留学生が帰国後にまず心配するのは、言語の維持と向上についてです。言語を使い続けたいという学生は、大学などの国際交流のボランティア活動やイベントに積極的に参加しています。また、海外からの短期留学生、交換留学生のサポートを担当したりします。また、最近では、海外で日本語を勉強する学生のオンラインでのランゲージパートナー（Online Conversation Partner）になる機会も増えています。筆者の所属する大学でも、海外大学の日本語学科の学生たちとパートナーとなり、現地の言語と日本語でオンライン交流を行っています。話す内容が決められていることもありますが、自由に話すこともあります。もし、話す内容が自由に選べるのであれば、お互いの趣味、日本語の授業について、英語の授業についてなど、パートナーと日本人学生のどちらも満たされるような会話を楽しむことが長続きするこつです。その際には、情報リテラシーに沿い、適切な倫理をもってオンライン交流ができるように、事前に大学同士で規則を決めて学生に伝え、問題を未然に防ぐことも必要です。

4.5　就職活動について

　留学から帰国した学生にとって、就職活動は大きな懸案です。とくに3年次や4年次に留学から帰国する予定の学生にとっては、インターンシップや就職活動の時期が気がかりでしょう。留学相談でも「就職活動に不利だから、留学をするのはやめようか悩んでいます」という学生がいます。協定校に1年間留学して、帰国後、就職活動などを理由に卒業を半年後や1年後に延ばす学生がいる一方で、最近ではオンラインで面接をする企業が増えているため、留学先からオンラインで就職活動をすることも可能です。これは良い点でもありますが、時差がある国では夜中に面接ということもあるため、体調を崩し、勉強がおろそかになってしまったという学生も知っています。

　現在では、留学生の帰国時期に合わせて夏・秋、通年採用をしている企業も少なくありません。また、ボストン、ロンドン、東京などで開催されるジョブフェアを留学先の国で利用し、就職活動をする学生もいます。

　以下はイギリスに留学した学生の就職活動と再入国カルチャーショックにまつわる体験談です。

【イギリスへ留学した日本人、20歳】
　就職のことを考えて、留学は大学2年次で行けるように、大学1年生のときから準備をしてました。留学から3年次に戻ってきたとき、日本の友人たちはすでに幾つものインターンシップを体験していて、自分が帰国した時期に参加できるインターンシップの数が限られていたので内心とても焦りました。
　留学中、日本人の先輩に誘われてロンドンのキャリアフォーラム[注6]に参加しました。キャリアフォーラムでは、大学4年生はその場でエントリーシートを企業に提出し、面接をしてもらうことができました。

注6　株式会社ディスコが主催するロンドンキャリアフォーラム　https://careerforum.net/ja/event/ldn/

自分は3年生だったため各企業が出しているブースに行って説明を聞くだけでしたが、職種を決めるきっかけになりました。

　帰国後、再入国カルチャーショックはすごくつらかったですが、留学相談室があったのはとても大きかったです。帰国してすぐは授業もなかったため、家族が久しぶりの日本だからと思ったようで、いろんなところに連れ出してくれましたが、ただ休みたかったです。また、今まで一人で時間を自由に使ってきたので、そのギャップもありました。その時期は、親とささいな原因のけんかが多かったです。

　帰国してからの1カ月は、インターンシップをやっていない焦りもあって、留学先に戻りたい気持ちが強かったです。ところが、アメリカに1カ月間行く用事があって行ったら、逆に早く日本に帰国したいと思うようになりました。そして、アメリカから帰国後は就職活動が忙しくなったため、再入国カルチャーショックが和らいだ気がします。

　留学先が一緒だった他大学の友人たちは、帰国後研修がなかったため半年余りの間、再入国カルチャーショックを体験していたと聞きました。自分は留学経験後は、同じ大学に留学していた友人と話したり、他国に留学した友人と話したことで共感を得ることができました。一緒に留学した他大学の仲間は研修がなく、異文化コミュニケーションやカルチャーショック、再入国カルチャーショックを知らず、自分が説明する側になりました。

　この学生はその後無事就職が決まり、「インターンをしていないけれど、自分は留学していたことが考慮されて就職できたのではないかと思っている」ともコメントしていました。

　今は留学中でもインターネットなどを利用してさまざまな就職情報を得ることができます。留学生向けの就職ウェブサイトや、希望する企業のホームページなどを利用して、帰国後すぐ就職活動を始められるようにしておくことはできますが、その際、現地での生活や学業に支障が出ないようにする必要があります。留学する前と帰国後に大学の就職センターなどに相談するのも方法の一つであることを学生には伝えてください。

実践⑦　帰国後の6つのアクティビティ

❶ ジャーナルなどをつけている場合は、各自で振り返りをしてレポートを
担当者に提出させる。提出先がない場合は、自分でレポートを読み返す

❷ 留学から帰国した学生が体験したことについて話をする
（留学で学んだこと、頑張ったこと、楽しかったことなど）

参加者：
帰国したばかりの学生と1年以上前に留学から戻ってきた学生

1) 帰国後トレーニングの一つであることを説明し、再入国カルチャー
ショックについて再度説明をする
2) 自己紹介をした後、留学体験についてグループで自由に話をしても
らう
3) 帰国して、どのように過ごしているかを話してもらう。また、再入
国カルチャーショックを経験している場合はそのことについても話
してもらう。互いに、どのように克服した／しようといているかを
話してもらう
4) 留学経験者に、帰国後どのように過ごしたかなど経験談を話しても
らう
5) 留学経験者の就職活動について話してもらう

❸これから留学する学生に対して、留学から帰国した学生から体験談を発表してもらう

1) これから留学する学生、または留学を希望している学生に参加してもらう
2) 帰国したばかりの学生に、留学体験についてスライドを使って発表してもらう
3) 内容は履修した授業、現地での生活について、また帰国前に準備したことなど。自由に質疑応答できるようにする
4) 発表後は、リラックスした環境で個人的に質問できる時間を取る

❹ストーリーテリング（Story telling）（八代他、2019）

参加者：
3〜5人のグループに分かれる。1人が話す（story teller）、1人が聞きながらメモを取り、話が終わったら要約する（retelling）、他の人は聞き役。役を順番にする

1) 話者が5分間、留学体験について話す。トピックは「留学中のつらかったこと、または問題は何か？　それにどう対処／克服したか？」
2) 要約者が1分間で話者の話をまとめる
3) 2) の Retelling を聞いて、話者はどう思ったかを話す
4) 全員で質疑応答をする
5) 役を交代し、同じように全員が発表する

❺ Co-creative Dialogue (CCD) (八代他、2019)

　〈留学を経て、「今後の幸せな自分」について絵を描こう〉

用意するもの：
画用紙、オイルパステル、またはクレヨン（人数分）

1) 自由に今後自分がこうなっていたら幸せだと思うことを描く。絵、
   または線や図などで表現してもよい。
2) 順番に自分が描いたものを見せながら説明をする
3) 自由に質問をしていく（描かれていないことを聞いてもよい。例：
   その絵であなたはどこにいますか？　季節はいつですか？　風は吹
   いていますか？　など）。質疑応答から、自分が気付かなかったこと
   を考えることにより、自分の思いがさらに具現化されていく
4) 同じアクティビティが第 2 章にあるので、留学前に描いたものと、
   今回描いたものを比較し、互いに質問し合う

　学生によっては、まったく違うものを描いたりするので変化を見ます。
そして、留学する前はどんな気持ちで描いていたのか、それがどう変わっ
たのかを話します。そして、今後の生活にフォーカスするようにします。

❻「絵文字で気持ちを表わしてみよう」（→シート 5、p .114）

1) 留学中に異文化と感じたことを書き、その気持ちを絵文字で表わす。
   そしてグループでの話し合いを通して自文化と留学先の文化を比較
   し、客観的に見る
2) 帰国後に再び、思ったことを書き出してみる。同じくその気持ちを
   絵文字で表わし、文化的に考えるとどういうことかを、留学から戻っ
   てきたメンバーやメンターと一緒に考える
3) 1) と 2) のリストを比較し、何が変わったかを考えてみる

「絵文字で気持ちを表してみよう」【記入例】

留学して			グループで話してみる
絵文字	留学先で思ったこと	母国だったら……	文化を比較／客観的に見ると
☹️	授業でクラスメートがどんどん発言するが、何も言えなかった。	先生が指すまで待ったり、話していない学生に先生が気付いて指してくれたりする。	授業のスタイルが違う、先生の教え方が違う。
🤔	夢は何？といつも聞かれる。夢は年齢に関係ないと言われた。	年齢が常に関係して、○○歳なんだから、こうしなさいと、という風習がある。	年齢は重要か。夢を持つこととは……
😢	授業が終わったら、クラスメートはすぐに帰る。	授業の後で友達と一緒にご飯に行ったり、遊びに行ったりしていた。	学生の生活が違う。

絵文字	帰国して		グループで話してみる
	帰国後思ったこと	留学先だったら……	文化を比較／客観的に見ると
😟	授業で発言したら、自分だけだった。クラスメートは何も言わず、いつも自分だけ。なんでみんな何も言わないのか。	みんな違う考えを持ってるんだから、どんどん発言して互いに学び合えた。	コミュニケーションが違う、意見を言うことに対する考えが違う。
😊	電車やバスに乗って居眠りしている人を見ると、ここは安全なんだと思った。まだ慣れないけれど、常に緊張している。	電車やバスで居眠りをしたら盗難に遭うので、寝ないようにしていた。	安全性が違う。
😋	栄養のバランスが良い定食が安くておいしい。チップもいらないのは最高。	同じような定食ならばチップも入れたら高いし、栄養バランスが良いものがあまりなかった。	食文化が違う。

Column 4　大学院・博士課程留学時のサポートグループ

　大学院に留学した際、授業を履修しているときは定期的に教授やクラスメートと会えますが、修士論文や博士論文を書き始めると、自分のペースで進めるのでなかなか終わらず孤独に陥ってしまうケースがあります。そういう場合は、クラスメートとサポートグループを作ることを勧めます。同じ時期に入学した人同士でもいいですし、違う時期に入った人がいてもいいです。互いに助け合う時間がある人同士が理想的です。

　サポートグループで定期的に会い、自分の論文の進み具合を報告し、問題点などがあれば相談するといいでしょう。また自分の考えがうまくまとまらないときはブレーンストーミングをして、手助けしてもらうといいです。一人で考え悩み、行き詰まったときに、互いに支え合える仲間がいるというのは心強いです。またそうすることにより修士論文や博士論文を滞らせないよう、お互いをサポートし合う役割を果たすことにもなります。とくに大人になってからの留学では、家族が一緒の場合や、仕事をしながらの場合、家族や仕事が優先されるので、卒業が延びてしまうことが多いです。とくに私の教育学では 10 年前に収集したデータは古いので、そうなる前に論文を書き終えるようにと教授たちから言われたものです。

　私の場合は、博士課程のときに 5 人でサポートグループを始めました。3 人は同じ時に卒業し、残りの 2 人もすぐに卒業しました。週に 1 回、または 2 週間に 1 回、図書館で会い、順番にどこまで研究が進んだか、困っている点、自分で設定した次回までの宿題や目標などを話します。もちろん、常に進んでいるわけではなく、自分で課した宿題ができなかったときもあります。そんなときは、なぜできなかったのかを話したり、他のメンバーの進み具合を聞く中で、頑張ろうとやる気が出てきました。

第5章　新しい留学とオンライン国際交流

5.1　近年の留学の傾向

　近年、若者の海外離れが続いていることは周知のとおりですが、文部科学省によると、2004年をピークに海外の大学、大学院に留学する日本人の数は減少しています（文部科学省、2022）。その理由はさまざまあり、経済的な理由、就職活動の時期、英語力などが主な要因であったところに新型コロナウイルスのパンデミックが追い討ちをかけました。しかし、経済的に長期留学に行くことは難しい、また長期で留学するのは不安だが短期ならば、と行動に移しやすいことから、短期留学は人気です。海外大への進学を考えるきっかけになれば、と大学や学部によっては短期留学に奨学金を出すところも増えています。

　この章では、近年の留学傾向として、現地に行く短期留学とオンラインの短期留学、そして、オンラインによる国際交流の実践例として、多くの学生に国際協働オンライン学習（COIL）と International Education and Resource Network（iEARN）活動を紹介し、留学スタイルの変化に伴う新たな課題へのアプローチを考えます。

5.2　短期留学事例の分析から

　ここでは、実際に現地に行く短期留学の、事前、留学中、そして事後のサポートについて実践例を紹介します。

5.2.1　短期留学における事前トレーニング

　短期留学も長期留学と同じように事前と事後のトレーニングは必須です。むしろ、滞在期間が短いからこそ、現地でのサポートが鍵となります。もちろんプログラム内容も大切ですが、現地のスタッフや教員、またメンターとなる引率者などから、文化の違いについての説明を受けることにより、学生の異文化理解が深まるからです。

　学生は出発前の研修で、異文化コミュニケーションや異文化理解、多文化社会、また海外での健康管理、安全、文化適応について学びます。また、大学の短期留学のように、2〜3週間ずっと同じメンバーで行動する場合は、アイスブレークのアクティビティをしっかりと行うことが必須です。軽く顔合わせをしただけで次に会うのが空港となると、知り合いがいる場合はいいのですが、知り合いがいない学生は緊張してしまうので、事前にチームビルディングをして仲良くなっておく方が安心です。英語のレベルに差があっても、仲の良いメンバーの前ならば現地で英語が話しやすいですが、互いのことをよく知らない状況だと、英語を話すことをためらったり、恥ずかしがったりすることがあるからです。なんでも話せるという居心地のよい環境を早く作ることで、学びが大きくなることが分かっています（Katsumata & Nishihara, 2021）。

　最低でも3回は事前研修の授業を行い、アクティビティを取り入れていきます。例えば、体を動かすと緊張が解けるので「フルーツバスケット」や「椅子取りゲーム」のような活動もお勧めですが、以下は授業の中で対面でできるアイスブレークのアクティビティです。

実践⑧ 短期留学向きの 3つのアクティビティ

❶ Intercultural autographs hunt：異文化交流サイン会

（→シート6、p.151）

目的：

・メンバー同士のつながりを深めること

・お互いの経験、知識、そして多様性を学ぶこと

　シートの各項目に当てはまる人を探し、サインをもらってください。ただし、各項目について、異なる人物を見つけるようにします。

　アクティビティを通して、メンバーに質問をすることで話す機会が生まれます。名前を聞いて、書いてもらうことは、自己紹介代わりになり、留学先でのあいさつの練習になります。

　このアクティビティは、どんな科目でも科目に沿った内容に変えることにより初回の授業で使うことができます。外国語の科目ならば、その言語の学習になりますし、留学生が履修している場合は、留学生の国の首都名や情報を質問に加えることで、クラスメート同士話すきっかけが増えるでしょう。

❷互いを褒める

　短期留学においては参加した学生同士からの学びが大きいことは多くの学生のジャーナルからも明らかです（Katsumata & Nishihara, 2021）。事前研修で「互いを褒める。誰か頑張っていたり、すごいと思ったら伝える」ことをトレーニングしておくことで、自然に他者を褒めることに抵抗がなくなり、いつも身近にいて成長に気付いてくれている友達、先生、スタッフに褒められたことが自信につながります。

❸半年後の自分へ手紙を書く

　このアクティビティは現地の教職員が考えてくれたのですが、留学先での最後の日に、学生たちは自分宛てに手紙を書き、それを教員かスタッフが保管をして、半年後に送ってくれます。

　例えば、夏休み中の短期留学の場合だと、学期が終わった2月ごろ、春休みが始まる前に届きます。留学中に芽生えたやる気が、帰国後の日常生活によって少しずつ薄れてくる時期に、当時の自分の意志や決意を思い出させてくれます。そして、またやる気を新たに、充実した春休みを送ることができたという学生の声は非常に多いです。

5.2.2　留学中のサポート環境（現地スタッフと教員、引率者、一緒に行ったメンバー）

　筆者は過去にアメリカとオーストラリアの四つの短期留学に携わり[注7]、引率をした経験があります。これらの短期留学は本当に素晴らしいプログラムでしたが、残念なことに今は実施されていません。ここでこれらの短期留学の良かった点について二点、書き記しておきます。

1) ホストファミリーのトレーニング

　短期留学ではホームステイ形式が多いです。事前に、ホームステイを体験する学生のためのトレーニングはもちろん必須ですが、学生を受け入れるホストファミリー側のトレーニングも大変重要です。その一例として、オーストラリアの某大学の傘下にある留学団体の短期留学プログラムにおけるホストファミリー用の対策を紹介します。

　ホームステイ先の選抜方法は厳しく、その上で、ホストファミリー向けにさまざまなワークショップを開催していました。危機管理対策、事前トレーニング、ホストファミリーに子どもがいる場合は年齢別のワークショップもあり、小さな子どもにもホストファミリーになることを意識付けしていました。そして、留学生の国別の対応の仕方や、さらに受け入れ期間中もホストファミリーのトレーニングを継続するなど、数多くのワークショップがホストファミリーの参加しやすい日時に開催されているのには大変驚きました。

注7　アメリカ、コロラド州のプログラムは、桜美林大学名誉教授であり Cross-Cultural Training Services 代表の荒木晶子先生と、Overseas Students Services 代表の宮下孝子氏、そして Dianne Hofner Saphiere 先生主催の短期留学。ポートランドの二つのプログラムは、宮下孝子氏と Portland State University の Jeff Baffaro 氏によるものと日本の某大学と Intercultural Communication Institute によるものです。オーストラリアのプログラムは、Manash College の櫻木真由美氏による Global Professional Program です。これらのプログラムは英語、異文化コミュニケーション、国際ビジネス、そして現地文化を学ぶ短期留学です。

2) 相談と現地サポートのポイント

　短期留学中は、毎日ジャーナルを書き、アクティビティ後には振り返りを行うようにしていました。振り返りでは、参加者全員が必ず話すようにします。振り返りは一日の終わりに行うことが多いですが、アクティビティ直後の振り返りは記憶が鮮明なため学生も話しやすいので、なるべくこまめに振り返りをするといいでしょう。

　　＊振り返りの方法
　　・毎日、アクティビティを振り返って、気が付いたこと、感じたこと、
　　　思ったことを一人ずつ話してもらう。また質問や相談を受け付ける
　　・周囲の聞き手は、話をよく聞き、受け止め、批判はしないよう、事
　　　前に約束する

　振り返りの時間以外に、個人的に質問や相談があるときは、いつでも教員やスタッフに話すように学生に伝えます。例えば、「現地の人と話しているときに、嫌な顔をされたけど、どうしてでしょうか？　何かいけないことを聞いてしまったのでしょうか？」と質問された場合、詳しい状況を聞き、必要であれば教員やスタッフが現場に出向いて状況を確認し、後日学生にフィードバックするなどの対応を取るといいでしょう。

　例えば、こんなことがありました。アメリカ短期留学プログラムでは、4人のグループに分かれて、テーマごとに現地でフィールドリサーチ（校外学習）を行い、最終日に発表することを課していました。ある時学生たちがフィールドリサーチのためにカフェを訪れたところ、店員に嫌な顔をされたという相談がありました。状況を聞いてみると、学生たちは緊張しつつも意気揚々として、質問が書かれたノートを手にカフェ店員に話しかけたが、店員たちは一切質問に答えてくれなかったということでした。それを聞いて後日、現地の教員がその店に客として行き、さりげなくカフェのことを尋ねたところ、朝は通勤前の人で大変混雑するという情報を得ました。日本の感覚とは違い、学校も企業も朝早くから始まるため、朝6時〜7時はコーヒーを求める人が一番多い時間帯。そして、学生たちがその

店を訪れたのは授業の関係から、朝食の時間を利用した朝7時だったことが分かったのです。

　訪問をするタイミングが悪かったということを学生に伝え、営業に差し支えがないように配慮してカフェが比較的忙しくない時間帯に訪れてみることを提案した結果、学生たちは無事に店長から話を聞くことができました。母語ではない言語でフィールドリサーチをすることは緊張しますし、普段ならば分かるような状況に気付かないこともあります。このように、言語の力の問題ではなく、タイミングの問題でした。では、こういうアプローチはどうかと提案することで、学生たちは状況を理解し、納得し、再挑戦することができました。もしこのサポートがなければ、「あの店にはもう行きたくない」、または「自分の英語が通じなかった」と落ち込んで終わっていたかもしれません。長期留学であれば、次第に現地の文化を理解してカフェの忙しい時間帯も分かるようになるでしょう。しかし、短期留学では、そのような時間的余裕がないために、周囲の手助けが重要なのです。

　このように、短期留学中は、スケジュールに支障がでない範囲で丁寧に学生のニーズに応えられるのが理想的だと思います。例えば、授業だけでなく、ゲストスピーカーを招いて話してもらうことや、フィールドリサーチでインタビューに答えてくれる人を紹介する、さらに、必要な情報を与えるなどのサポートも必要かもしれません。もちろん、これは現地のスタッフ・教員の対応力や人脈をもって可能になることであり、なかなかそこまでやるのは大変なことです。

5.2.3　短期留学の事後研修

　某短期留学プログラムでは、事後研修として授業を2回行い、短期留学から学んだことを振り返ります。学生たちにとって日本で再び集まることは良い刺激になり、メンバーと話すことにより留学中の思い・決意・意志を思い起こすきっかけとなるようです。

　1回目の研修は、全体で短期留学の振り返りをします。そして、学生は現地で書いた振り返りのレポートとジャーナルを提出します。2回目には、

2回目の IES アンケート（詳細は次ページ以降）の結果を渡し、各自で次の目標を設定してもらいます。

　長期留学に比べ、短期留学で身に付くことはあるのか、という質問をよく受けます。プログラムにもよりますが、短期留学でも異文化コミュニケーションや異文化理解を向上させることができます。

⬚ 異文化コミュニケーション能力指標の活用

　某短期留学プログラムでは、Kozai Group が提供する「Intercultural Effectiveness Scale（IES）」を活用[注8]し、プログラムが学生たちの成長にどれだけ影響を与えたかを測りました。IES は、グローバルマネジメント、人材マネジメント、異文化コミュニケーション、高等教育機関認証、ダイバーシティー（多様性）などの意識改革や自己分析を目的としたもので、研修設計や組織の多様性への取り組みのための異文化適応（能力）測定やニーズ調査にも利用されています（Kozai Group, 2009）。

　IES では、異なる文化背景や年齢層の人とうまく付き合うのに必要な六つの異文化コミュニケーション能力の構成要素について調べることができます。主な能力分野は三つあり、さらに各能力分野はそれぞれ二つの能力側面で構成されています。主要な能力分野は、①継続的学習（Continuous learning）、②対人的関わり（Interpersonal engagement）、③精神的な頑健さ（Hardiness）です。①の継続的学習とは、他の人の行動や活動について理解し学ぼうとしているかです。そして、それは、「自己認識（Self-awareness）：自分自身について学ぼうとする」力と「探求心（Exploration）：新しいことについて学び、新たな学びの機会を求める」力の二つの能力側面から成り立っています。②の対人的関わりとは、異なる文化や人に興味を持ち、関係を構築していけるかです。その能力側面は、「世界への順応（World orientation）：異なる文化や人に対する興味」と「人間関係の構築（Relationship Development）：異なる文化の人と関係を築き維持していくこと」に分かれます。③の精神的な頑健さとは、異なる文化、人と交流した

注8　Kozai Group.　https://www.kozaigroup.com/ja/intercultural-skills/

際に起こるストレスや困難にどう対処するかです。そして、二つの能力側面は、「ポジティブな関心（Positive regards）：異なる文化背景の人の行動をより良く受け入れ、他の文化や人々に対して否定的な固定観念を持たない」と「感情的回復力（Emotional resilience）：困難な経験に対処する感情的な強さ」です。IES では以上の六つの能力を測ることができます。

　日本語の IES アンケートは、1回目は短期留学の1週間前、2回目は短期留学の最終日に実施しました。現地の初回授業で IES の説明がされ、事前アンケートの結果が各自に渡され、それを基に学生は現地での目標を設定します。そして、帰国後の2回目の事後研修で2回目の IES 結果が渡されます。事前・事後の結果を比較することで、どのスキルが短期留学によって向上したのか、現地で頑張ったことは何かなどを振り返ることができます。それを踏まえて、各自、次の新しい目標を設定するのです

　ここで見てきたように、IES は、異文化適応能力を測ることができます。異なる文化背景の人と知り合い、交流し、交流している際に問題が起きてもうまく対処できるか、という能力です。例えば、異文化に興味があれば、異なる文化背景の人と多く出会うでしょう。そして、その人や文化についてもっと知りたいという気持ちで多文化を知ることにより、自文化に気付くことができます。異なる文化背景の人との交流の際に起こるストレスを克服し、困難な状況下でもステレオタイプを持たずに、その人自身を知ろうとし、問題に対処していく力が求められます。そうした能力の有無をIES は測ることができます。

　次頁の図 5-1 は、ある年の短期留学生の IES 結果です。総体的に全ての項目で向上が確認でき、某短期留学で異文化コミュニケーションに必要な能力が向上したことが明らかになりました。送り出す側の某大学ではこのIES 結果を注視し、短期留学中の教員やスタッフによるサポートに生かしています。また、IES は本来、個人的な目標や、そのための行動を計画するためのツールであることから、将来的にもデータを有効活用できるよう、学生向けに分かりやすい説明が入ったワークブックを提供しています

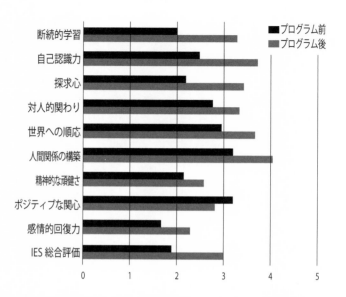

図5-1　某大学のプログラム実施前後のグループ平均（総合スコア）

5.2.4　短期留学を経験した学生のケーススタディ

　オーストラリアの某大学の短期留学機関では、ホストファミリーもトレーニングを受けて留学生を受け入れる準備をしているということを先に書きましたが、いくら受け入れる側が準備していても、学生自身がホストファミリーと交流しようとせずに部屋にずっとこもっているというケースがあります。一方で、消極的、慎重といった性格に起因する姿勢が、留学を機に180度変わったという学生も少なくありません。それがどのようなきっかけで変わっていったのか、実際の事例からサポートやプログラム作成のヒントを得ることができます。

ケース 1　自分を変えるチャンス
（オーストラリアへ短期留学した日本人、20歳）

　ある学生のホームステイ先には、他国の留学生が別のプログラムで来て一緒に住んでいたそうですが、その他国の留学生は自分の部屋にばかりい

て、ホストファミリーと過ごすことがあまりなかったそうです。学生はその様子を見て、これはチャンスだと思い、寝る時以外は自分の部屋から出てホストファミリーと過ごし、たくさん話すようにしたそうです。

　この学生は、帰国後のアンケートで、プログラムから、異文化について、また、国際ビジネスにおける将来のキャリア、自分自身を振り返ることを学ぶことができたと回答しています。その中でもとくに、「自分自身を変えることを学ぶことができた」とレポートに書いています。留学前は、プレゼンテーションをすることや、ホストファミリーとの生活に対してとても緊張していたそうです。しかし、このプログラムを通して、自分の弱いところ、強いところを見つめ直し、それをどう克服するか考えることができたと言います。その大きなきっかけとなったのは、授業で積極的に発言するなど、今までやらなかったことに挑戦する勇気を持てたこと、さらに、教員やクラスメートからのサポートが、自分を変える上で大きな力になった、とコメントしています。

ケース 2　「探求心」スコアが上がった！
（アメリカへ短期留学した日本人、19 歳）

　この学生は、知らないものを見たり触れたりすることがあまり好きではなく、事前研究で受けた IES では全スコアの中で「探究心」が一番低いスコアでした。留学後すぐは、現地のスタッフや店員、道で出会った人など、人と話すこと、英語で話すことにストレスを感じていたと言います。そこで学生は、「気が付いたことは何でも体験してみる」ことを目標にしました。その目的のために人に話しかけ、珍しいものを食べ、不思議なものを見つけるたびに調べるようにしたところ、新しいものや他者に対する姿勢が 180 度変わったそうです。

　また、帰国後の振り返りで学生は、プログラムから英語力と積極性を学ぶことができたとコメントしています。現に、プログラム後の IES では「探求心」スコアが上がっていました。進んで一生懸命に現地の人に質問し、話す努力をする学生を、現地の教員やスタッフ、そして仲間が褒めたことは言うまでもありません。帰国後この学生は、継続して英語の学習に

意欲的に取り組み、長期留学をし、さらに卒業後は海外の大学院に進学するなど、常に新しいことに挑戦をしています。

5.2.5　まとめ

　最後に、異文化コミュニケーション、異文化理解、多文化共生を意識した短期留学プログラムを実践する際に、プログラム内容とは別に、三つの重要な要素を提案します（Katsumata & Nishihara, 2021）。

　一つ目は、学生の異文化体験を高める機会や場を常に模索することです。予定されているプログラムとは異なり、新たにゲストスピーカーを招いたり、フィールドスタディに協力してくれる人を学生に紹介したりするなどの現地での追加活動は、学生の発達段階に合っていることが多いので、学生の探究心、好奇心、意欲に応えることができます。二つ目は、現地の教員・スタッフ・引率者のコミュニケーションを密にし、プログラムの質を高めるための「適材適所」を迅速に判断できるような関係をつくることです。三つ目は、現地の教員・スタッフの教育的価値観を意識し、それを共有し、チーム全体の良さを引き出すことです。例えば、異文化体験の振り返りの重要性を共有するのみならず、現地の教員・スタッフと引率者が全員その分野の専門知識を有していることも必要です。

　期間が短い短期留学こそ、「現地」での迅速なサポートが鍵となることを覚えておいてください。

5.3　オンライン留学と国際交流

　2020 年以降、ICT（情報通信技術）教育が急速に普及したことにより、現地に行かなくても、オンライン上で留学や海外の人との交流ができる、オンライン留学／国際交流学習が盛んになりました。ポストコロナ時代には大学のさらなるグローバル化に向けて、オンライン上での短期留学や国際交流は増えていくでしょう。現地に行く留学と比べたときのメリット、デメリットを理解し、両者をうまく活用することが望まれます。

5.3.1　オンライン留学の長所と限界

　オンライン留学のメリットは、旅費・滞在費がかからず、普段の生活をしながら自宅で毎日外国語を話す機会を持ち、他国の人と交流し、学ぶことができることです。また、工夫次第で、さまざまなアクティビティを気軽に体験できます。例えば、オンラインで、現地の博物館や美術館を訪れたり、現地の学生が開く料理教室に参加したり、現地企業の方にインタビューしたりすることも可能です。

　デメリットとしては、現地に行けない分、留学国の人や文化を五感で感じることができず、画面上での交流において戸惑うことがあることです。非言語コミュニケーションで送るメッセージは、顔の表情、目線（カメラ目線）、髪型、衣服、上半身の姿勢、背景、パラランゲージ（声の大きさ、トーン、速度、抑揚）など、画面を通して見える範囲（上半身）と聞こえる非言語のメッセージに限られるため（Katsumata, 2021）、事前にコミュニケーションの違いを理解していないと互いに解釈を誤ります。画面を通して見えない部分、例えば洋服、体全体の姿勢・座り方、部屋の温度・匂い・家具の配置・明るさ・置いてあるもの、現地の気候・天気、他の部屋や外の様子などは、感じること、情報を得ることができません。画面を通して見える部分、聞こえる部分だけでコミュニケーションを取るので、顔の表情を対面のときよりも大げさに表して気持ちを伝えるなどの工夫が必要となります。

　非言語のメッセージが重要となるオンラインでは、自分がどのようなコミュニケーションをしているのか客観的に観察し、改善することが大切です。学生自身に発表や話しているところの録画を見てもらうと、多くの学生が改善点を見つけます。例えば、「顔の表情に気を付けたけど、対面よりも分かりづらい。もっと大げさにする」「カメラ目線になっていない」「頭頂部まで画面に入っていない」「斜め横を向いて座っている」「逆光で顔が暗い」「声が暗い」「猫背で姿勢が悪い」「疲れてくると、ゲームのときの座り方になる」「貧乏ゆすりは見えないけど、上半身が揺れていた」「英語で話すスピードが速い」「モゴモゴ話して、はっきりと発音していない」などが挙げられました。

また、対面とは違い、オンラインは集中するため、授業内容の情報量が多くなりがちです。外国語を学ぶオンライン授業、とくに初級レベルでは、言語不足を補うために、非言語コミュニケーションに頼ることになり、対面授業よりもうまく伝わりにくいからです（藤本、2019）。1時間に1回は休憩を入れる、グループワーク後のフィードバックの時間を十分に取る、昼休みの時間を十分に取ることを意識しましょう。

　さらに、語学の授業がプログラムに入っている場合、プレースメントテストを事前に受けてクラス分けをされても、授業が始まってから言語レベルが合わないという学生がたまにいます。学生の様子を見て対応することになりますが、事前にクラス変更の可能性について説明・確認をしておくことも大切です。

　オンライン留学の最大のメリットは旅費や現地での生活費がいらないため、現地に行く通常の留学に比べ費用がかからないことです。デメリットとすれば、現地での交流や体験が限られてしまうことです。また時差があると授業を夜中に受けることになるかもしれません。しかし、今後オンライン留学はテクノロジーの発展とともにさらに普及し、プログラムが増えていくと考えられます。そして、海外留学の選択肢として、現地に行く留学とオンライン留学という選択肢が両輪となっていくでしょう。

5.3.2　国際協働オンライン学習（COIL）

　新型コロナウイルス感染拡大の影響を受けて渡航に制限がかかり、注目され始めたのが「国際協働オンライン学習（Collaborative Online International Learning：COIL、コイル）」です。COIL型教育（藤本、2019）とは情報通信技術（Information and Communication Technology：ICT）を用いてオンラインで海外の大学と交流する教育の手法です。授業科目や留学プログラムをさらに充実させる新たな国際交流の形として期待されています。また、文部科学省も平成30（2018）年度にアメリカなどの大学との間でのCOIL型教育プログラムを支援しています。

　COIL型教育は海外の大学とつながることができますが、事前に教育法の違い、コミュニケーションの違いを学ぶことになります。また、COIL

では、アイスブレークが鍵となります。日本人の場合は、アイスブレークを通じて仲良くなり、リラックスして良い環境を整えることが学びの質を向上させることが以下の研究で明らかになっています。

COIL プロジェクトにおける異文化コミュニケーションの重要性

　効果的な異文化コミュニケーションのためには、海外の文化について本などを読むだけでは不十分で（Tuzel & Hobbs, 2017）、異なる価値観や行動を理解し、文化的スキルを身に付けることが必要です（Katsumata & Guo, 2020）。Furstenberg & English（2016）によれば、ソーシャルネットワークは、人々が他者と協力しながら異文化交流することを可能にしました。これまでの研究では、メールやビデオ会議などのオンラインシステムを通じた交流が異文化コミュニケーション能力（O'Dowd, 2003）や言語学習（Chu, 2009; Greenfield, 2003; Liaw & Johnson, 2001; O'Dowd, 2003; Vinagre, 2005; Warschauer, 1996b）を向上させることが分かりました。また、異文化交流のためのオンラインシステムの利用は、コミュニケーションの円滑化（Cooper & Selfe, 1990）、モチベーションの向上（Warschauer, 1996a）、不安の軽減（Kern, 1995）に有効な手段であることが示されています。

　オンライン国際交流では、学生が自分の知識を実践的に活用し、他国の人々と交流することで、異文化の中で世界に対する理解を深めることが求められます（Godwin-Jones, 2019）。特筆すべきは、世界の中の多様性が高まり、異文化コミュニケーションは、相手が海外の人に限ったことではなくなったということです。これまでの研究では、海外との異文化コミュニケーションに焦点が当てられてきましたが（Swartz, Barbosa, & Crawford, 2020）、外国との交流を成功させるためには、国内での準備がとても重要です。

　COIL プロジェクトの対象や内容はさまざまありますが、ここで、日本の某大学が西洋の大学と東洋の大学との間で行った、二つの COIL プロジェクトを紹介します。一つ目は日本とドイツの大学間、二つ目は日本と台湾の大学間の事例です。

【日本とドイツの大学の COIL プロジェクト】

　この COIL プロジェクトは、ビジネスにおける異文化コミュニケーションを学ぶ日本の大学生と国際ビジネスを専攻するドイツの大学生の間で、異文化理解を深めることを目的として、約 1 カ月半実施されました（Katsumata, 2021）。その結果、COIL プロジェクトを通して両大学の学生たちは、日独における文化、異文化コミュニケーション、ビジネスの違いを学ぶことができました。この COIL 学習は 2020 年から毎年実施されており、日本の商品を一つ選び、ドイツで売るにはどうしたらよいか、文化や生活習慣の違いなどを基に話し合います。

　交流を開始するに先立ち、両大学でそれぞれゲストスピーカーを招聘し、全学生を対象に日本人とドイツ人のコミュニケーションにおける言語的・非言語的な違いや、ビジネスシーンにおけるメールの書き方の違いなどについて詳しく学んでから、学生同士が連絡を取り合い COIL プロジェクトが始まりました。

　交流後の学生のコメントから、講義・ゲストスピーカー・テキストからは学べなかった三つの気付き・発見があったことが分かりました（図 5-2 参照）。研究の結果、COIL プロジェクトに参加した日本の学生（24 人）のうち、63％がドイツと日本のコミュニケーションの違い、23％がオンライン会議を行う上での違い、そして、17％が国際ビジネスにおける人間関係の構築についての気付きを挙げていました。その後の研究でも同様の研究結果が出ています。

1) コミュニケーションの違い

　ドイツの学生と実際交流をしてみて、日本の学生の積極性の弱さについてのコメントが多くありました。授業は全て英語で行われていますが、「ドイツ人学生からの質問に即答できなかった」「発言できなかった」というものです。また日本のチーム内での自分と他者のコミュニケーション、そして対応の仕方の違いについても大きな気付きがありました。英語が得意なある学生は「（英語で）発言しないメンバーに、時々意見を求める」など、素晴らしいリーダーシップを発揮

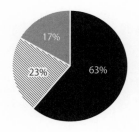

■コミュニケーションの違い　※オンライン会議での違い
■国際ビジネスにおける人間関係の構築

図5-2　日本とドイツの COIL プロジェクトを通しての気付き

していました。他の学生は「一人がずっとしゃべり続けるのではなく、時々発言内容を確認したり、発言していない人に意見を求めたり、沈黙が続くと言い換えたり」と周囲にとても気配りをしていました。

　一方で、ドイツの学生のコミュニケーションについては「ストレート」「ダイレクト」「正直」「個人主義的」「低文脈文化」などと特徴付けています。例えば、ある日本人学生が前回と同内容の発言をしたところ、「その話はもう聞いた」と言われて驚いたと言っていました。また、ドイツの学生の中には、日本人に負けず劣らず静かな学生もいたというコメントもあり、ステレオタイプで見てはいけないという学びもありました。

　非言語コミュニケーションの違いでは、ある日本人学生は「初対面で、ドイツの学生の表情がとても真剣だったので、怒っているのではないかと思った」と言い、後々調べてみたところ、日本とドイツの非言語コミュニケーションの違いを理解したそうです。

　また、初めて交流するときのアイスブレークアクティビティについて、ドイツ人学生はとくに必要としないため、なぜ日本人学生がこのアクティビティを行うのかについて一言説明する必要がありました。

2) オンライン会議について

「時差があるにもかかわらず、日本時間の夜中にメールでその日の打ち合わせの依頼が来たのには驚きました」。

　講義やゲストスピーカーからは学べない文化の違いに、会議を調整するタイミングがありました。日本の学生は数日の余裕を持って日程を相談するのに対して、ドイツの学生からは「今からオンラインミーティングができないか」と連絡があることに、文化の違いを感じたという意見が多数ありました。

3) 国際ビジネスにおける人間関係の構築

　日本人同士のチーム内での気付きとして、コミュニケーションと人間関係の構築についての特性がありました。例えば日本人は、年上の人と話すときだけでなく、親しくない相手に対しても敬語を使います。ある学生は、後輩が敬語を使うと距離を感じるので、くだけた言葉遣いにしてほしいと（チーム）メンバーに伝えたところ、その後も敬語を使われたため、より距離ができてしまったとコメントしています。あるチームは先輩1人と後輩3人で、後輩たちは基本は敬語を使いながらも時々わざとくだけた言葉を使うことで良好な関係を保っていたと言います。

　次に、アイスブレークの有効性です。ある学生は、「2020年は初めてのオンライン授業だったので、教室で顔を合わせるよりもメンバーと親交を深めるのが難しいと感じていた。そのためチームビルディングがうまくいかなかった」と言い、COILを成功させるために最も重要なのは、まず日本のチーム内のメンバーがお互いを知り、良い関係を築くことであると感じていました。チームがより仲良くなるためには、オンラインでのアイスブレークアクティビティ（→ p. 145）を取り入れることが有効です。

　COILプロジェクトでは、海外の大学生と交流することが目的ですが、それにはまず日本側のチーム内でのコミュニケーションがうまくいっていることが前提といえます。

【日本と台湾の大学の COIL プロジェクト】

　日本と台湾の大学生を対象に、3 カ月間の英語プレゼンテーション（発表）を行う COIL プロジェクトがあります（Katsumata & Guo, 2020）。この COIL 学習は 2015 年から毎年実施されており、台湾と日本の大学生が互いに英語で二つのテーマについてプレゼンテーションをし、プロジェクトの前後に異文化理解調査と異文化オンラインコミュニケーション調査を行っています。

　その方法は、テクノロジーの発展により毎年変わってきました。初期は、E メールやフェイスブックを使ったものでしたが、次にグループ LINE での交流と動画ツール Flipgrid によるプレゼンテーションビデオ交換が採用され、最近（コロナ禍以降）では Zoom 交流へと移行しています。

　その結果、学生たちは互いの文化に対する感受性や感謝の気持ちが大きく向上したことが分かりました。また、学生たちは異文化に気付き、オンラインコミュニケーション能力が向上したことが調査データ（図 5-3 参照）から明らかになりました。このように異文化間の COIL プロジェクトは、異文化認識を促進するだけでなく、コミュニケー

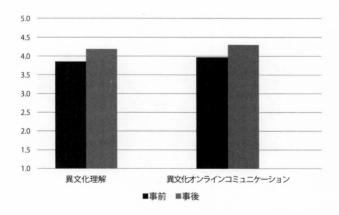

図 5-3　日本と台湾の COIL プロジェクトアンケート調査結果の前後比較

ションスキルや異文化適応（能力）を促進することが期待できます。

　台湾の大学生と日本の大学生は、相互交流を通じて、異文化コミュニケーションスキルの重要性に対する理解を深めました。また、パートナーから質問されたり、お互いの文化を比較したりする中で、自文化を強く意識するようになりました（Bennett, 1986）。例えば、日本人学生の一部が「好きなランチ、忘れられないランチ」をテーマに（渋谷、勝又、古谷、前川、森、2018）、中・高6年間、毎朝母親が作ってくれたお弁当を発表した際、日本では母親が三食作るのが一般的ですが、台湾では朝食を外食で済ませる人が多いことに、日本人学生は驚いていました。さらに、家族の中での女性の役割について話し合うなかで、台湾はアジアの中で男女平等度が高いことが双方の学生に認識されていました。

　日台のオンライン交流を通じて、文化やコミュニケーションの違いが明らかになった印象的なエピソードを三つ紹介します。

1）大学に行くときの服装

　一つ目の例は、大学生活をテーマにした話し合いのなかで、台湾の女子学生が"Do you wear a skirt to university?"（大学にスカートをはいて行きますか？）と質問したときのことです。日本の学生の多くは、戸惑いました。日本の学生がスカートをはいて大学に行くのはごく「普通」のことだったからです。この質問をした理由を聞いてみると、台湾の女子学生は大学ではジーンズやパンツをはいている人が多いことが分かりました。また、「大学に化粧をしていくか」「いつ化粧をするか」といった話題も盛り上がりました。

2）「恋人はいますか」の質問

　二つ目は、日本の学生が、1回目の交流で台湾人学生から「恋人はいますか」と質問されて驚いたことです。このような質問は、日本の学生にとっては親密な関係が築かれた後にしか尋ねないものですが、台湾人学生はよくする質問でした。故に台湾の学生にとっては、なぜ

日本の学生がこの質問に困惑したのか、なぜ質問に答えることが問題なのかが理解できなかったのです。話題選びや、許容できる質問は、両グループで大きく異なっていました。

3) インスタをフォローする距離感

　三つ目は、誰かのインスタグラム・アカウントをフォローするタイミングに関するものです。日本の学生の中で、1回目の交流の最中や直後に、台湾の学生が自分のインスタグラムのアカウントをフォローしてきたことに驚いたという意見がありました。日本人学生によると、インスタグラムの相互フォローは通常、ある程度仲良くなってから行われるため、時間がかかるとのことでした。一方、台湾では、会ったばかりの人でもフォローすることは珍しくありません。

　プロジェクト後のアンケート（図 5-4 参照）で多くの学生が、新しい文化を学ぶことについてコメントしています。その結果、学生（38人）のうち 97％がポジティブなオンライン学習体験、74％が積極的

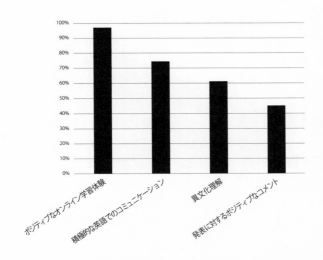

図 5-4　COIL プロジェクトについてのアンケート結果

な英語でのコミュニケーション、61%が異文化理解、そして、45%が発表に対するポジティブなコメント、という結果になっています。ある台湾人学生は、次のように述べています。「教科書では学べないことを学びました。何千冊もの本を読んでも、何千マイルも旅するのにはかなわない。情報化時代には、率先して人とコミュニケーションを取り、自分の力を高めるために学ぶことが必要です」。

COIL プロジェクトにおける英語学習のモチベーション

これらの COIL プロジェクトでは、初め、英語学習に対するモチベーションが低い学生がいました。とくに、英語を母語とする人と話すときには、自分の英語力が足りないのではないかと不安になり、緊張するという状態でした。しかし、他言語が母語の学生との会話では、お互いの英語を理解しようと努力していました。ある日本人学生は「私は恥ずかしがり屋ですが、台湾の学生とのオンライン交流では、お互いが英語で頑張ってコミュニケーションを取ろうとするので、熱意と意欲が感じられました。この経験は、将来の海外交流に向けての準備となりました」とコメントしています。日本人学生の多くは、英語を母語とする人と話すことには慣れているが、英語を母語としない人とは話したことがないと答えています。学生は、相手もまた外国語学習者であることを知り、安心して英語を話すことができたと言えます。

また、あるグループの学生たちは、自分の趣味について話したところ、音楽という共通の趣味があることが分かり、交流のたびに話しやすくなっていき、英語でのコミュニケーションに自信を持つようになり、リラックスして会話できるようになりました。台湾や日本などの多くのアジア諸国は、状況や文脈に依存して、言葉にはっきり出さずに意図を伝える高コンテクスト文化圏であり、表情、声のトーンなど、間接的な非言語メッセージに頼る（Samovar, Porter, & McDaniel, 2007; Ting-Toomey & Chung, 2012）部分も含めて、共通のコミュニケーションスタイルを持つことから、学生たちはお互いにとても話しやすく感じたと言えます。

プロジェクト後のアンケートで日本人学生は「日本人の英語を聞くこと

に慣れているので、台湾人学生の英語を聞くことができてよかった」と書いています。

　英語を話すことの難しさを理解し、その難しさを共有できるからこそ、互いに安心して交流することができたのです。非英語圏の人々において、自分の英語力を向上させ、互いの文化を学ぶには、英語を母語とする人々と交流することが有益であると考えられていますが、必ずしもそうとばかりは言えない一例です。

COIL プロジェクトにおける英語プレゼンテーション

　COIL を通して、多くの学生がプレゼンテーション（発表）について肯定的な意見を受け取り、自信をつけています。ある日本人学生は初回のプレゼンテーション後「外国人を相手に英語でプレゼンテーションをしたことがなかったのでとても緊張しました。しかし、グループメンバーの素晴らしいコメントを読んで、英語で話すことに自信を持つことができました」と振り返っています。日本人学生の中には、自分の発表に対して台湾人学生からの建設的な批評を期待する人もいたようですが、日本と同様台湾でも、相手の弱点を指摘したり、批判したりすることは、対立的で失礼なことだと考えられています（Samovar, Porter, & McDaniel, 2007）。

　今回のプロジェクトでは、台湾の学生はほとんどが英語ネームを名乗っていましたが、日本の学生は日本語名（ローマ字）を使っていました。2回目のテーマ「好きなランチ、忘れられないランチ」のプレゼンテーションでは、多くの学生が自文化を紹介しました。学生たちは、外国人には理解しにくい料理名があることに気付き、名前や単語をゆっくりとはっきりと話すことの重要性と、料理についてさらに説明する必要性を理解しました。

　発表後のフィードバックでは、非言語的コミュニケーションの改善が指摘されました。日本の学生たちは、例えば、指で数えるジェスチャーを知りたがりましたが、それは今後のプレゼンテーションでそのジェスチャーを使おうと考えたからです。互いに相手の非言語的なコミュニケーションを学ぶことで、スピーチをする際の緊張が和らぐことを理解したようです。

COIL 型教育の鍵となるのは信頼性であり、それは、異文化を持つ者同士の協働によって確かなものとなります（Pulverness, 1996）。ある日本人学生は「この交流は、私の固定観念を壊してくれました」と述べています。このように COIL プロジェクトは、学生の英語学習意欲を高め、自国の文化的認識を深めることで、異文化コミュニケーション能力を育成することができます。

COIL プロジェクトを企画する前に考えること
　COIL プロジェクトをする際、同期型で交流するときは時差があるので、どちらかが合わせないといけません。とくにサマータイムがある国は時間に気を付けましょう。また、個人情報の扱いには注意が必要です。例えば、学生に、個人的なメールアドレスではなく大学のメールアドレスを使用すること、授業とは関係がないことでは連絡を取らないこと、もし何かあったら担当教員に連絡することを伝えます。交流の際に撮る写真や録画についても国によって規則があるので、教員同士で事前に確認をしましょう。

① 時差
　交流の形式は同期型と非同期型に分けられます。同期型の交流は、設定された時間にコミュニケーションプラットフォームを介して、交流することです。非同期型の交流は、メールでの交流や、オンライン上の資料や録画されたビデオなどを使って交流することです。同期型のメリットは、参加者がリアルタイムで会話ができること、非同期型のメリットとして、時差がある場合にも交流できることがあり、二つの良い面を組み合わせてうまく利用するといいでしょう。

② 交流形式
　1）授業時間に同期型形式で交流
　　　事前に教員同士で、授業に使用するプラットフォームを決めます。
　2）授業時間外で学生同士、またはグループ同士で交流
　　　学生が交流する場合は、双方が使いやすい SNS やビデオ会議ツー

ルを決めてもらいます。

3）録画、メールなど非同期型交流

③　交流先の見つけ方
　大学の提携校や協定校とCOIL型教育を行ったり、知り合いの先生や、団体を通して交流先を見つけたりすることが可能です。

④　COILプロジェクトの課題と評価方法
　COILプロジェクトでは、双方の大学で同じ課題をやることもありますが、各大学が違う課題を出す場合もあります。その理由は、学生の言語レベル、科目や授業内容が異なるからです。例えば、普段の授業でグループでリサーチをすることを課していたら、交流もリサーチの一つの手段とするといいでしょう。そして、評価も各大学でするかなども事前に教員同士で決めるようにします。
　また、教員はプラットフォームを何にするか、使いやすいか、使えるかなどを事前に確認して決めるといいでしょう。国によっては使えるプラットフォームが決まっている場合があります。

⑤　担当者同士の関係
　COIL型教育では、教員同士の関係性はとても大切です。すぐに連絡を取れる関係であればスムーズに準備が進み、学生同士の交流が可能になります。

⑥　交流前の学生の事前準備
　ゲストスピーカーを招く（異文化コミュニケーション＝コミュニケーションの違い・メールのやりとりと内容、専門分野＝ビジネスについて）など。

⑦　オンライン交流会（授業以外）
　授業以外にも、大学、学部、国際センターなどが企画する、海外の大学

とのオンライン交流のイベントがあり、興味のある学生が参加することができます。1回だけのイベントから、同じグループで数回参加できる交流会などさまざまな形式があります。

　もし、参加者が初対面で、続けて数回開催する場合は、昼休みの時間などを利用して事前研修を2〜3回行うことをお勧めします。対面、またはオンラインで顔合わせをし、アイスブレークのアクティビティを幾つか体験すると、学生同士が知り合いになり、次のステップである国際交流がしやすくなります。そして、相手校（国）とのコミュニケーションの違いについても説明し、準備をします。

　また、交流後、時間があれば、すぐに振り返り（ディブリーフィング）をして、一人ずつ感想を言ってもらいます。そして、教員が良かった点を伝え褒めることが肝心です。最後に、次の交流の目標設定を各自がその場で行うといいでしょう。

5.3.3　iEARN によるオンライン国際協働学習

　iEARN（アイアーン）は1988年に設立された世界的な非営利組織で、140カ国以上、3万件を超える教育機関や組織と提携しています[注9]。異文化間の交流に従事し、オンラインネットワークを介して協働する学習者のグローバルコミュニティを運営しています。現在、200万人を超える児童・生徒が世界中から、iEARN の協働プロジェクトに参加しています。iEARN には100以上のプロジェクトがあり、生活や文化の違い、また社会が抱える問題などを課題とし、児童・生徒たちの発達段階に合わせた活動をしています。全て、国連の持続可能な開発目標 SDGs と連動した iEARN 独自のプロジェクトです。文部科学省も iEARN の活動を推奨し、その HP に記載しています。

　iEARN の 日本 センター は Japanese Education and Resource Network （JEARN、ジェイアーン）として活動しています[注10]。2017年に JEARN

注9　iEARN.　https://www.iearn.org/
注10　JEARN.　https://jearn.jp/

は大学を拠点としたグローバル教育事業をスタートさせました。日本の教育事情に合わせた JEARN 独自のプロジェクトが "ジェイアーン Youth Project" です。大学生が国内外の幼稚園生、小学生、中学生、高校生を対象とした国際協働学習のファシリテーター（世話役）を務める体験を通して、グローバル・シティズンシップを形成しようとするものです。具体的には、ICT（情報通信技術）とネットワークを活用して日本を含む世界の子どもたちと協働し、グローバルな課題を見つけ、共に学び、解決に向けてアクションを起こしていきます。日本の若者が世界各国・地域と連携しながら、ニューノーマル（新たな常態）時代の学び＝「国際協働学習」に取り組んでいます。

　次に、日本人学生による iEARN プロジェクト事例を紹介します。

【SDGs についてのワークショップ】

　iEARN の「国際協働学習」では、プロジェクトのファシリテーターを通じて、交流を希望する学校を紹介し合い、各国の情報を提供し合い、活動の中で児童や生徒たちが話し合い、互いの国のことを学び合います。

　日本の某大学生たちはプロジェクトで SDGs についてのワークショップを開催しました。事前準備として、アイスブレークのアクティビティを考え、英語の資料や動画を作成し、参加者によるアセスメント（assessment：評価）を行いました。このアセスメントの目的は、相手校の生徒の知りたいこと、学びたいことなどをアンケート調査により収集し、それを基にワークショップのクイズを作るなど、さまざまな工夫をすることでした。

　この活動を通して日本の学生たちは、英語の教材やビデオを自分たちで作成することでデジタルスキルを向上させると同時に、自文化を認識し、自身の考えを再確認することができました。

　また、英語圏以外の国の児童・生徒と英語を使ってコミュニケーションを取ることは、異文化理解への動機付けになります。どうしたらうまく伝えることができるのか、また分かりやすい英語で伝えるた

めにはどうしたらいいのか。ある学生からは「英語が母語でない相手の英語が聞き慣れないため、理解するのに苦労した」という感想があった一方、「ネーティブスピーカーのような英語を話さなくてもいいんだと気付いた」といったコメントもありました。

　自文化を知る場面も多くあります。ある国の高校生と交流した際に、カラーコピーした資料を用意してワークショップに持参するように伝えたところ、カラーコピー機は高価なもので学生たちは持っておらず、高校にも1台しかないので難しいかもしれないと返答があり、日本との差に大学生たちは驚いたと言います。

　通信環境もさまざまです。国や個人によって Wi-Fi 環境が異なるため、すぐにインターネットが切れてしまったり、ビデオ画面をオンにすると不具合が出るなどの問題があるので、事前に参加する学生が PC か、スマートフォンか、何を使って参加するのかを知り、ビデオ画面をオンにできるかなどを確認しておく必要があります。またシミュレーションなどのアクティビティをする場合は、幾つかのブレークルームを使います。ファシリテーターが必要な場合は、テクノロジーを担当する人がいるとスムーズにできます[注11]。

　また、国によって教育方法も異なるので、質問を積極的にしたり、発言することを良しとしなかったり、先生に指してもらえるまで答えなかったりと、学習態度もさまざまです。それに加え、コミュニケーション様式も異なるため、オンラインであっても言語・非言語コミュニケーションの違いなどについて学ぶことは必須です。

　以上に見てきたように、オンラインによる短期留学や国際協働学習では、現地に行く留学とは違った異文化経験ができます。それぞれの良い点を利用して、これからの学生たちの国際交流に役立ててもらいたいと思います。

注11　異文化コミュニケーション学会主催のワークショップ・デザイナー、岸田典子氏と桜美林大学の鈴木有香先生による Zoom ワークショップ（2020年）の内容による。

実践⑨ オンラインでできる 10 の アイスブレーク・アクティビティ

❶ 「絵文字を使って自己紹介」（人数：4～5人　時間：10～15分）注12

　オンライン上で、絵文字を使って自己紹介をします。テーマごとに絵文字をチャットに出し、他の人の絵文字を見てその内容を当てていくというアクティビティです。

1) 一つ目のテーマは「今日の気分」の絵文字をチャットに入れ、全員に送信する
2) 気になる気分の絵文字を当て、質問し合う
3) 二つ目は「趣味」の絵文字をチャットに入れ、全員に送信する
4) 気になる趣味の絵文字を当て、質問し合う
5) 三つ目は「苦手なもの・こと」の絵文字をチャットに入れ、全員に送信する
6) 気になる苦手なもの・ことの絵文字を当て、質問し合う
7) 四つ目は「興味があること・やってみたいこと」の絵文字をチャットに入れ、全員に送信する
8) 気になる興味があること・やってみたいことの絵文字を当て、質問し合う

【例】
下記の絵文字を見て、他の人が当てます。

注12　ドイツの Aschaffenburg University of Applied Science の Renate Link 先生のオリジナルのアクティビティに少しアレンジを加えたものです。

最後に本人から正解を伝えます。「今日の気分はハッピーです」「趣味は映画鑑賞で、家でよく見ます」「苦手なものは爬虫類系で、爬虫類の代表でヘビの絵文字を入れました」「やってみたいことは富士山に登ることです」

❷「バーチャル背景を使って、紹介したいこと・ものを見せる」
（人数：4〜15人　時間：5〜15分）
紹介したいこと・ものを Zoom のバーチャル背景機能を使って説明します。

1）次回の授業でクラスメートに紹介したいことやものの写真をバーチャル背景にして準備するように伝える
2）事前に、紹介したいこと・ものの写真をダウンロードして、バーチャル背景にしておく
3）授業で一人ずつ、バーチャル背景について紹介していく

❸「お絵描き連想ゲーム」　　　（人数：4〜8人　時間：10〜15分）
Zoom のホワイトボード機能を使い、時間内に何個続いたかを競います。

1）一番目の人は自由に何かの絵を描く
2）次の人はその絵から連想した絵を描く
3）順番に最後の人まで連想した絵を描く

絵が分かりにくいとつながらないケースがあるのが面白いです。

（リンゴ→イチゴ→ショートケーキ→ダイエット…）

また、絵文字を使ってやるのもいいでしょう。

❹ 「Never have I ever?」　　　（人数：4〜8人　時間：15〜20分）

1）参加者は全員、自分の前に全ての指を立てる。一人ずつ順番にプレーヤーとなり、今までやったことのないことを言う
2）プレーヤーは「Never have I ever...」に続いて、自分がまだやったことがないことを発表する。他の人がすでにやっている可能性が高いと思われることを言うのがベスト
3）ここで言ったことを「やったことがある人」は指を1本折る。それをやったことがない参加者は、全ての指を立てたままにする
4）誰かが0になったらゲーム終了で、立てた指の数が多い人が勝ち

【例】
Never have I ever been to Germany.
Never have I ever lied about my age/weight/income.
Never have I ever danced on a table.
Never have I ever been on TV.
Never have I ever run a full-marathon.
Never have I ever gone to school late.
Never have I ever gone bungee jumping.
Never have I ever been in a helicopter.

❺ 「物しりとり」 　　　　　　　（人数：4〜5人　時間：10〜15分）

家の中にある物を持ってきて、しりとりをします。例えば、リンゴ→ゴリラの縫いぐるみ→水。お互いに何を持ってくればよいかを教え合い、助け合うようにします。

❻ 「持ってきて見せてよ」 　（人数：4〜5人　時間：15〜20分）注13

1) テーマに沿って、家の中にある物を持ってくる
2) テーマの例：自文化を表す物、他国の物、いつも冷蔵庫にある物、調味料、自分の好きなお菓子、好きな飲み物、古い物、最近はまっている物、お勧めしたい物など
3) 全員戻ったら、一斉にメンバーに見せる
4) 一人ずつ順番に説明する

❼ 「以心伝心」 　　　　　　　　（人数：4〜5人　時間：15〜20分）

❻と同じやり方でテーマに沿ってメンバーが物を持ってきます。

1) 一人が「心を一つにして同じ物を持ってきましょう。外でも使える丸い物を持ってきて！」と言ったら、全員が同じ「丸い物」を持ってくるようにする。他のメンバーは、これを持ってくるだろうと予想をして物を選ぶ
2) 全員が戻ったら、一斉に物を見せる。例えば、全員がボールを持ってきたら正解だが、一人でも違う物を持ってきたら✕

注13　凡人社主催の日本語サロン研修会（2020年）で行われた、一橋大学大学院の渋谷実希先生が作ったアクティビティです。

❽「かぶっちゃいやよ」　　　　　（人数：4～5人　時間：15～20分）

❼と同じやり方でテーマに沿ってメンバーが物を持ってきます。

1) 一人が「かぶらないようにしましょう。丸い物を持ってきて！」
　 と言ったら、全員が違う「丸い物」を持ってくるようにする
2) 全員が戻ったら、一斉に物を見せる。例えば、野球ボール、フラ
　 フープ、オレンジ、輪ゴムなどが正解

❾「お宅訪問」　　　　　　　　　（人数：4～8人　時間：20～30分）

　互いの家（部屋）を紹介し、自文化的な物を見せ合うアクティビ
ティです。家族やルームメートに事前に許可を得ることを忘れないで
ください。パソコンを持ち歩くのは大変なので、スマートフォンや
ウェブカメラを用意します。

　例えば、日本間、神棚、お風呂、トイレ、台所、冷蔵庫の中身、玄
関、庭、窓から見える景色などです。また、さまざまな国の学生が参
加している場合は、各国の代表者が紹介することもできます。

　ここで重要なのが、事前準備として、ペアや小グループで、自分の
部屋や、家の間取り図を描いてもらい、それについて互いに話してお
いてもらうことです。

【例】
・どこでコミュニケーションは行われるのか？
・どこで勉強するのか？
・その部屋でどのように過ごすのがお気に入りか？　　など。

　または、家ではなくよく勉強しに行くお気に入りのカフェなどにつ
いて話すのもいいでしょう。何があるのか、気に入っている点、どの
ように過ごすかなどを互いに話した後でお宅訪問をすると、自分の文
化との比較ができ、より充実したアクティビティとなるでしょう。

❿「ある日の過ごし方を紹介する」

（人数：4〜15人　時間：30〜60分）

　ある一日の過ごし方を録画して紹介するアクティビティです。小グループで1本の短い動画を作成してもらいます。平日にするか休日にするか、一人を主人公にするか、全員の様子をつなぎ合わせるかなど、構成は自由に学生に決めてもらいます。動画を作成することによって文化を紹介することができ、出来上がった動画を見ることにより、互いの文化について学ぶことができて、質問することにより話すきっかけとなります。

　また、このアクティビティの応用編として、「就職活動」のように、学生たちが決めたテーマで取り組むのもいいでしょう。

(シート6)
Intercultural autographs hunt：異文化交流サイン会

1. 関東以外の出身　　　　　　　　　　_____

2. アルバイト先で英語を使ったことがある　_____

3. 海外からの観光客を助けたことがある　　_____

4. 日本以外でラーメンを食べたことがある　_____

5. 黒色の携帯電話を持っている　　　　　_____

6. 誕生月が同じ（　　　　　月）　　_____

7. 朝食に納豆を食べてきた　　　　　　_____

8. メキシコ料理を食べたことがある　_____

9. 珍しい動物を飼っている　　　　　_____

10. 海外のユーチューブをよく見る　_____

11. 海外で地下鉄に乗ったことがある　　_____

12. 留学に行くのは今回が初めて　　　_____

13. 海外に興味がある　　　　　_____

14. 違う国の友達がいる　　　　_____

15. 好きなアーティストが同じ（　　　　　）　_____

16. 手でカレーを食べたことがある　_____

17. 有名人に会ったことがある　　　_____

18. 城に住んでいる友達がいる　　　_____

19. ワニを食べたことがある　　　　_____

20. 家では日本語以外を話す　　　　_____

Column 5　学生が推薦状を依頼する際に気を付けること

　留学の手続きで、願書などの書類と一緒に 1 通から 3 通の推薦状 (recommendation letter) を提出するケースがありますが、学生は誰にどのように依頼するか知っていますか？

　私自身これまで初対面の学生に「来週までに〇〇大学の推薦状がいるのでお願いします」と言われて、戸惑ったことが何度かあります。このように、推薦状は誰かに頼んだらすぐに書いてもらえると思っている学生は少なくないようです。そこでいつも学生には、推薦状を依頼するには以下の七つのポイントに気を付けるようにと伝えています。

1.　誰に書いてもらうか

　高校生や大学生の場合は、担任の先生や指導教授にお願いします。また社会人になってから大学院や博士課程に留学する場合は、会社の上司や大学時代にお世話になったゼミの先生にお願いすることが多いようです。

　ごくまれに、初対面の学生に推薦状を書いてほしいと言われることがありますが、その学生のことをよく知らないが故に、書きたくても書く内容がないので困ってしまいます。留学を希望していて推薦状が必要だが頼めそうな先生がいない、という事態にならないよう、留学を考えている人は推薦状のことをいつも頭に入れて学生生活を送るようにと、大学 1 年生の早い時期に説明するといいでしょう。推薦状のために教授と仲良くなれとは言いませんが、誰にでも気軽に依頼するものではないことを伝えておく必要があります。

2. 授業を履修したことがある先生に

推薦状には、「いつ知り合ったのか」「どういう人物なのか」を書くことが一般的です。大学生ならば、いつ、何の授業を履修したか、履修した時にどのような良い面があったかを書くために、いつも、「授業をいつ履修したか」を聞くようにしています。

たまに、「数百人が履修しているような授業を担当している先生に推薦状をお願いしようか悩んでいるが、書いてもらえるでしょうか？」という相談を受けることがあります。大人数の授業だと、どうしても一人一人が記憶に残らないので、依頼時には推薦状を書いてもらえるくらい先生が自分のことを知ってくれているかの確認が必要です。そう考えるとやはり、ゼミなど、少人数のクラスの先生にお願いすることが多くなるようです。

3. 授業の成績について

「推薦状を書いてもらいたいけど、あの先生の授業は落としてしまって……それでも書いてもらえるでしょうか？」と相談に来る学生がいます。推薦状を書くときは、成績やその学生が書いたレポート、課題などが残っていたら見返しながら、具体的にこの学生について明記したいので、なるべく授業の成績が良い先生に依頼するのが望ましいと学生に伝えています。

4. 授業を履修していないケースも

授業を履修していない先生に推薦状をお願いしてもいいケースもあります。例えば、大学での学生団体の活動などを通して自分のことをよく知ってくれている先生がいたら、書いてもらえるかお伺い

してみるように、と学生には伝えています。

5. まずは承諾を得る

　ここは大切なポイントです。突然研究室にやって来て「来週中にお願いします！」と言う学生がたまにいますが、まずは、推薦状を書いてもらえるか否かを先生にお伺いするようにしましょう。そして、その場で推薦状の目的・提出先・期日・提出方法などを詳しく説明し、承諾の返事を待つようにしてください。

6. 書く時間を十分に取る

　推薦状を書いてもらえることになったら、書いてもらうのに必要な情報を紙、またはメールで送るように伝えます。また、一番大事なのは、推薦状を書いてもらう時間を十分に取るということです。最近はオンライン提出が主流になってきたので、郵送にかかる日にちを考慮しなくていいとは言え、余裕をもって依頼するようにしましょう。

7. 推薦状を提出した後

　最後に、希望の大学に留学が決定したのか否か、結果についても推薦状を書いてくれた先生に必ず連絡するように伝えています。残念ながら受からなかった場合でも、一言報告をもらっていれば、再び推薦状をお願いされても書きやすいですし、学生も依頼しやすいと思います。

　私は留学相談室を長い間やっていますが、推薦状を書いた後の学生の報告はうれしいものです。中には卒業後も進路を報告しに来て

くれる学生もおり、人との縁を大切にしているのだと感心させられ
ます。

　最後に、遠い昔に推薦状を書いてもらった側の立場でコメントす
ると、教授からの推薦状を読んでみて（推薦状は学生に見せていい
ケースと、共有しないケースがあります）感じたのは、通り一遍のも
のではなく、私のことを本当によく見て書いてくれているというこ
とです。そういう経験から、しっかりとした推薦状を書いてもらう
ためにも、自身をよく知る先生に、時間的余裕をもって依頼するこ
とが重要です。

謝　辞

　長年アメリカで過ごした私の経験が、多くの方々のおかげでこうして一冊の本になりました。本書がこれから留学に関わる人たちのお役に立つことを願って――。

　本書執筆中の 2022 年 1 月、The Intercultural Communication Institute の Dr. Janet M. Bennett の訃報を受けました。短期留学プログラムを通して、Bennett 先生から楽しみながら学べる短期留学のアイデアを学べたことは本当に光栄なことでした。お悔やみを申し上げるとともに、異文化コミュニケーションという素晴らしい分野を世界中に広げ、私を含め、多くの学生たちに学ぶ機会を与えてくださったことに心より感謝いたします。

　Bennett 先生から紹介していただき、公私共にお世話になっている桜美林大学名誉教授の荒木晶子先生には、異文化コミュニケーションへの道に導いてくださり、短期留学を学ばせてくださり、心より感謝申し上げます。

　ニューメキシコ大学名誉教授の Dr. John Condon には、短期留学で大変お世話になり、また、先生のカルチャーショックのアクティビティを基に新たなアクティビティを作ることをご快諾くださったことに心より感謝いたします。

　短期留学でお世話になった The Intercultural Communication Institute のスタッフ、Monash College の櫻木真由美さん、短期留学の研究でお世話になった北星学園大学の西原明希先生、オンライン交流でお世話になった iEARN の栗田智子先生（JEARN 理事長／青山学院大学）、岡田麻唯先生（青山学院大学）、高木洋子さん（JEARN）、そして、National Taipei University of Business の Dr. Siao-cing　Guo と Aschaffenburg University of Applied Sciences の Dr. Renate Link にも御礼を述べます。一緒に働くことができた

ことを大変光栄に思います。

そして、凡人社の大橋由希様と株式会社エンガワの新城宏治様との出会いがなければ、本書を執筆することはできませんでした。ここにお名前を記して深謝いたします。

関係各位からは、写真などの掲載許諾のほか、インタビュー、資料の提供などにご協力いただきました。アクティビティにアイデアをくださった林吉郎先生（青山学院大学名誉教授）、八代京子先生（麗澤大学名誉教授）、古谷知子先生（桜美林大学）、渋谷実希先生（一橋大学大学院）、ISASAKA、CCD と Act & Learn メンバーはじめ、多くの先生方にも御礼を申し上げます。

青山学院大学の学生と卒業生の皆さん（秋山莉沙さん、榎本菜月さん、高田裕紀さん、野村和輝さん、福田樹舞さん、Dang Thuy Duong さん、Lau Yi Ling さん、Wang Lin さん、清水晃基さん、鳥山泉さん、森絵里香さん、林真優さん）との出会いと縁に感謝します。

本書は青山学院大学国際政治経済学会の 2021 年度出版助成を受けて刊行されたものです。学部長の末田清子先生、そしてご支援いただいた学部に感謝いたします。末田先生には、いつも温かく私の研究活動を励ましてくださり、公私共にお世話になってばかりで、感謝の言葉しかありません。この場を借りて御礼申し上げます。

そして、本書の出版を快くお引き受け下さった春風社の三浦衛社長、的確なアドバイスをくださる編集者の永瀬千尋さん、最後まで温かくサポー

トしてくださりありがとうございました。脱稿が遅れ大変ご迷惑をおかけしました。春風社をご紹介くださった桜美林大学の浅井亜紀子先生に深く感謝いたします。

　最後に、留学時代や海外でお世話になったホストファミリー、友人、恩師——これまで私が出会った世界中の全ての方に、そして常に私を支えてくれる家族に心から御礼を言います。

2022 年 12 月

勝又 恵理子

参考文献一覧

[和文文献]

荒木晶子・向後千春・筒井洋一（2000）『自己表現力の教室——大学で教える「話し方」「書き方」』情報センター出版局.

荒木晶子・藤木美奈子（2011）『自分を活かすコミュニケーション力——感性のコミュニケーションと説得のコミュニケーション』実教出版.

渋谷実希・勝又恵理子・古谷知子・前川志津・森幸穂（2018）『プレゼンテーションの基本　協働学習で学ぶスピーチ——型にはまるな、異なれ！』凡人社.

末田清子（2012）『多面的アイデンティティの調整とフェイス（面子)』ナカニシヤ出版.

末田清子・福田浩子（2003）『コミュニケーション学——その展望と視点』松柏社.

鈴木有香（2017、3版）『人と組織を強くする交渉力』自由国民社.

バーンランド、D・C・（著）、西山千・佐野雅子訳（1979）『日本人の表現構造』新版、サイマル出版会.

藤本かおる（2019）『教室への ICT 活用入門』国書刊行会.

藤本かおる（2019）「日本語初級レベルのグループオンライン授業での教室活動に関する研究——担当教師へのインタビューを中心に」『JeLA 学会誌』19、27-41 頁.

ホール・エドワード・T・（著）、国弘正雄・長井善見・齋藤美津子（訳）（1966）『沈黙のことば』南雲堂.

ホール・エドワード・T・（著）、岩田慶治・谷泰（訳）(1980）『文化を超えて』TBS ブリタニカ.

松尾睦（2012）『仕事のアンラーニング——働き方を学びほぐす』同文館出版.

深山敏郎（2016）『レジリエンス（折れない心）の具体的な高め方——個人・チーム・組織』セルバ出版.

八代京子・樋口容視子・日下啓・勝又恵理子（2019）『アクティブラーニングで学ぶコミュニケーション』研社.

八代京子・町恵理子・小池浩子・吉田友子（2009）『異文化トレーニング［改

訂版〕 ── ボーダレス社会を生きる』三修社.

［英文文献］

Adler, P. S. (1975). The transitional experience: An alternative view of culture shock. *Journal of Humanistic Psychology*, 15(4), 13-23.

Altshuler, L., Sussman, N. M., & Kachur, E. (2003). Assessing changes in intercultural sensitivity among physician trainees using the intercultural development inventory. *International Journal of Intercultural Relations*, 27, 387-401.

Bennett, J. M.(2015). *The SAGE encyclopedia of intercultural competence*. SAGE.

Bennett, J. M., Bennett, M. J., & Allen, W. (1999). Developing intercultural competence in the language classroom. In R. M. Paige, D. Lange, & Y. A. Yershova (Eds.), *Culture as the Core: Integrating Culture into the Language Classroom* (pp. 13-46). University of Minnesota Press.

Bennett, M. J. (1986). A developmental approach to training for intercultural sensitivity. *International Journal of Intercultural Relations*, 10(2), 179-196.

Birdwhistell, R. L. (1970). *Kinesics and context: Essays on body motion communication*. University of Pennsylvania Press

Chang, Y. (2009). A qualitative study of temporary reentry from significant others' perspective. *International Journal of Intercultural Relations*, 33(3), 259-263.

Chu, S. (2009). The use of computer technology in language classrooms. *NTCB Foreign Languages and Literature Studies*, 115-127.

Cooper, M. M., & Selfe, C. L. (1990). Computer conferences and learning: Authority, resistance, and internally persuasive discourse. *College English*, 52(8), 843-873.

Deardorff, D. K. (2006). Identification and assessment of intercultural competence as a student outcome of internationalization. *Journal of Studies in International Education*, 10, 241-266.

Deardorff, D. K. (2012). Framework: Observe, state, explore, evaluate (OSEE) tool. In K. Berardo & D. Deardoff (Eds.), *Building cultural competence: Innovative activities and models* (pp. 45-52). Stylus.

Earvolino-Ramirez, M (2007). Resilience: A concept analysis. In *Nursing Forum*, Vol. 42, no. 2.

Furstenberg, G., & English, K. (2016). Cultura revisited. *Language Learning & Technology*, 20(2), 172-178.

Gaia, A. C. (2015). Short-term faculty-led study abroad programs enhance cultural exchange and self-awareness. *The International Education Journal: Comparative Perspectives*, 14(1), 21-31.

Godwin-Jones, R. (2019). Telecollaboration as an approach to developing intercultural communication competence. *Language Learning & Technology*, 23(3), 8-28.

Greenfield, R. (2003). Collaborative e-mail exchange for teaching secondary ESL: A case study in Hong Kong. *Language, Learning & Technology*, 7(1), 46-70.

Hall. E. T. (1977). *Beyond Culture*. Anchor Books.

Hammer, M. (2012). The intercultural development inventory: A new frontier in assessment and development of intercultural competence. In Paige, M. R., Vande Berg, M. V. and Lou K. H. (2012). Student learning abroad: Why students are and are not learning abroad. Stylus Publishing.

Harris, J. (2014). The effects of short-term study abroad on the attitudes of Japanese university students toward using English and on the development of cross-cultural understanding. *Kindai University Center for Liberal Arts and Foreign Language Education Journal* (Foreign Language Edition), 5(2), 89-112.

Isabelli-García, C., Bown, J., Plews, J. L., & Dewey, D. P. (2018). Language learning and study abroad. *Language Teaching*, 51(4).

Katsumata, E. (2021). Intercultural difficulties in international business communication: Learning to facilitate effective interaction and teamwork through a COIL Project. *The Proceedings of The 30th International Symposium on English Teaching and Book Exhibit*, 227-238.

Katsumata, E., & Nishihara, A. (2021). Conceptualization of a multicultural society in study abroad programs for Japanese university students. *Aoyama Journal of International Studies*, 8, 159-182.

Katsumata, E., & Guo, S. (2020). Intercultural learning through a telecollaboration project: Video conferences and presentations between Taiwanese and Japanese university students. The Aoyama Journal of *International Politics, Economics and Communication*, 105, 1-24.

Kern, R. (1995). Restructuring classroom interaction with networked computers: Effects on quantity and quality of language production. *Modern Language Journal*, 79, 457-476.

Kinginger, C. (2008). Language learning in study abroad: Case studies of Americans in France. *Modern Language Journal*, 92(s1), 1-124.

Kolb, D. A. (2015). *Experiential learning: Experience as the source of learning and development* (2nd ed.). Pearson Education, Inc.

Kozai Group. (2009). The intercultural effectiveness scale: Feedback report. The

Kozai Group, Inc.

Liaw, M. L., & Johnson, R. J. (2001). E-mail writing as a cross-cultural learning experience. *System*, 29(2), 235-251.

Lustig, M.W., & Koester, J. (2013). *Intercultural Competence: Interpersonal Communication across Cultures* (5th ed.). Pearson.

Lysgaard, S. (1955). Adustment in a foreign society: Norwegian Fulbright grantees visting the United States. *International Social Science Bulletin*, 7(1), 45-51.

Martin, J. & Harrell, T. (1996). Reentry training for intercultural sojourners. In D. Landis & R. Bhagat (Eds.), *Handbook of intercultural training* (2nd ed., pp. 307-326). Sage.

Martin, J. & Harrell, T. (2004). Intercultural reentry of students and professionals: Theory and practice. In D. Landis, J. Bennett, & M. Bennett (Eds.), *Handbook of intercultural training* (3rd ed., pp. 309-336). Sage.

Mehrabian, A., Wiener, M. (1967). Decoding of inconsistent communications. *Journal of Personality and Social Psychology*, 6 (1), 109-114.

Nam, K. A., & Condon, J. (2010). The DIE is cast: The continuing evolution of intercultural communication's favorite classroom exercise. *International Journal of Intercultural Relations*, 34(1), 81-87.

Oberg, K. (1960). Cultural Shock: Adjustment to new cultural environments. *Practical Anthropology*, os-7(4), 177-182.

O'Dowd, R. (2003). Understanding the "other side" : Intercultural learning in a Spanish-English e-mail exchange. *Language Learning & Technology*, 7, 118-144.

Osland, J. (1995). *The adventure of working abroad: Hero tales from the global frontier.* Jossey-Bass.

Paige, R. M. (1993). *Education for the Intercultural Experience.* International Press.

Pruegger, V. J., & Rogers, T. B. (1994). Cross-cultural sensitivity training: Methods and assessment. *International Journal of Intercultural Relations*, 18(3), 369-387.

Pulverness, A. (1996). Worlds within words: Literature and British cultural studies. In D. A. Hill (Ed.), *Papers on Teaching literature from The British Council's conferences in Bologna 1994 and Milan 1995.* The British Council, Italy.

Pusch, M. & Loewenthall, N. (1988). *Helping them home: A guide for leaders of professional integrity and reentry workshops.* Washington, National Association for Foreign Student Affairs.

Samovar, L. A., & Porter, R. E. (1997). *Intercultural Communication: A reader* (8th ed.). Wadsworth Publishing.

Samovar, L. A., Porter, R. E., & McDaniel, E. R. (2007). *Communication between cultures* (6th ed.). Thompson.

Spitzberg, B. H., & Changnon, G. (2009). Conceptualizing intercultural competence. In D. K. Deardorff (Ed.), *The SAGE Handbook of Intercultural Competence* (pp. 2-52). Sage.

Sussman, N. (1986). Reentry research and training: Methods and implications. *International Journal of Intercultural Relations*, 10, 235-254.

Swartz, S., Barbosa, B, & Crawford, I. (2020). Building intercultural competence through virtual team collaboration across global classrooms. *Business and Professional Communication Quarterly*, 83(1), 57-79.

Tanaka, K., & Ellis, R. (2003). Study-abroad, language proficiency, and learner beliefs about language learning. *JALT Journal*, 25(1), 63-85.

Thomas, K. (1976). Conflict and conflict management in M. D. Dunnette (ed). *Handbook of Industrial and Organizational Psychology*. Rand McNally, pp. 889-935.

Ting-Toomey, S. & Chung, L. C. (2012). *Understanding intercultural communication* (2nd ed). Oxford University Press.

Tuzel, S. & Hobbs, R. (2017). The use of social media and popular culture to advance cross-cultural understanding. *Comunicar*, 51(XXV), 63-72.

Vande Berg, M., Paige, R., & Lou, K. H. (Eds.). (2012). *Student Learning Abroad: What Students Are Learning What They Are Not, And What We Can Do About It.* Stylus Publishing.

Vinagre, M. (2005). Fostering language learning via email: An English-Spanish exchange. *Computer Assisted Language Learning*, 18(5), 369-388.

Warschauer, M. (1996a). *Motivational aspects of using computers for writing and communication*. Honolulu: University of Hawaii, Second Language Teaching & Curriculum Center.

Warschauer, M. (1996b). Computer-assisted language learning: An introduction. In S. Fotos (Ed.), *Multimedia language teaching* (pp. 3-10), Logos International.

[ウェブサイト]

研究社 Online Dictionary　https://kod.kenkyusha.co.jp/service/
Weblio 辞書　https://www.weblio.jp/
文部科学省（2022）　報道発表「「外国人留学生在籍状況調査」及び「日本人の海外留学者数」等について」　https://www.mext.go.jp/content/20220603-mxt_gakushi02-100001342_2.pdf［2022 年 6 月 1 日参照］
文部科学省（2018）「平成 30 年度大学の世界展開力強化事業〜 COIL 型教育を活用した米国等との大学間交流形成支援〜公募申請状況について」

https://www.mext.go.jp/a_menu/koutou/kaikaku/sekaitenkai/1405090.htm
［2021 年 9 月 1 日参照］

文部科学省（2012）「新たな未来を築くための大学教育の質的転換に向けて〜生涯学び
続け、主体的に考える力を育成する大学へ〜（答申）用語集より」
https://www.mext.go.jp/component/b_menu/shingi/toushin/_iscFiles/
afieldfile/2012/10/04/1325048_3.pdf［2021 年 4 月 1 日参照］

文部科学省（2003）　第 4 回初等中等教育における国際教育推進検討会配布資料
［資料 2］「グローバル教育へ iEARN（アイアーン）＆ JEARN（ジェイアーン）」
https://www.mext.go.jp/b_menu/shingi/chousa/shotou/026/shiryou/05041401/001.
htm［2022 年 1 月 1 日参照］

索　引

【著者】**勝又恵理子**（かつまた・えりこ）

青山学院大学国際政治経済学部国際コミュニケーション学科准教授。

専門は、異文化コミュニケーション、異文化トレーニング、COIL 型教育、アクティブラーニング、プレゼンテーション。

高校 3 年時に交換留学でアメリカへ渡り、そのまま現地の高校を卒業。ヒューストン大学クリアレイク校多文化学科修士課程修了。クレアモント大学院大学＆サンディエゴ州立大学大学院教育学科博士課程修了（Ph. D. in Education）。卒業後は、サンディエゴ州立大学で教える。日本に帰国後は明治大学、桜美林大学で非常勤講師を務めた後、現職。大学、企業などで、海外留学、海外赴任、異文化コミュニケーション、教員養成のためのトレーニングに携わっている。

主な著書に『Intercultural Communication: A Reader』(2008 年、共著、Wadsworth Cengage Learning)、『プレゼンテーションの基本　協働学習で学ぶスピーチ——型にはまるな、異なれ！』(2018 年、共著、凡人社)、『アクティブラーニングで学ぶコミュニケーション』(2019 年、共編著、研究社)。

留学のための異文化トレーニング
——知る・共に学ぶ・実践する——

2023 年 2 月 7 日　初版発行

著者　　**勝又恵理子**　かつまた えりこ

発行者　　三浦衛

発行所　　**春風社**　Shumpusha Publishing Co.,Ltd.

横浜市西区紅葉ヶ丘 53　横浜市教育会館 3 階
〈電話〉045-261-3168　〈FAX〉045-261-3169
〈振替〉00200-1-37524
http://www.shumpu.com　✉ info@shumpu.com

装丁　　　長田年伸
印刷・製本　シナノ書籍印刷 株式会社